SECCIÓN DE OBRAS DE HISTORIA
Fideicomiso Historia de las Américas
Serie Ciudades

Coordinada por
ALICIA HERNÁNDEZ CHÁVEZ

Tenochtitlan

EDUARDO MATOS MOCTEZUMA

TENOCHTITLAN

EL COLEGIO DE MÉXICO
Fideicomiso Historia de las Américas
FONDO DE CULTURA ECONÓMICA

Primera edición, 2006
Cuarta reimpresión, 2014

Matos Moctezuma, Eduardo
 Tenochtitlan / Eduardo Matos Moctezuma. — México : FCE, Colmex, FHA, 2006
 191 p. : ilus. ; 21 × 14 cm — (Colec. Fideicomiso Historia de las Américas. Ser. Ciudades)
 ISBN 978-968-16-8118-0

 1. México – Historia – Prehispánico I. Ser. II. t.

LC F1219   Dewey 972. 018 M337t

Distribución mundial

D. R. © 2006, Fideicomiso Historia de las Américas
D. R. © 2006, El Colegio de México
Camino al Ajusco, 20; 10740 México, D. F.

D. R. © 2006, Fondo de Cultura Económica
Carretera Picacho Ajusco, 227; 14738 México, D. F.
www.fondodeculturaeconomica.com
Empresa certificada ISO 9001:2008

Comentarios: editorial@fondodeculturaeconomica.com
Tel.: (55)5227-4672. Fax: (55)5227-4694

Se prohíbe la reproducción total o parcial de esta obra, sea cual fuere el medio, sin la anuencia por escrito del titular de los derechos.

ISBN 978-968-16-8118-0

Impreso en México • *Printed in Mexico*

Índice

Presentación 7
Introducción 9

I. *Antecedentes: Teotihuacan y Tula* 13
   Teotihuacan, o la relación con lo divino 14
   Tula, capital de los toltecas 20
   Reflexión final 24

II. *De Aztlan a Tenochtitlan* 26
   Los orígenes de un pueblo 26
   Coatepec, imagen de Aztlan y de Tenochtitlan 33

III. *Fundación de Tenochtitlan* 41
   El mito de la fundación de Tenochtitlan 43
   Planificación de la ciudad 46
   Los primeros años de la ciudad: de la fundación a la liberación 50

IV. *La ciudad: su espacio sagrado* 57
   El espacio sagrado o habitación de los dioses 58
   El Templo Mayor 61
   El Templo Mayor en los códices 78
   Simbolismo del Templo Mayor 82
   Otros edificios del recinto sagrado 92

V. *El espacio profano o la habitación de los hombres* 100
   Planificación de Tenochtitlan 101
   La habitación de los nobles 104
   La habitación popular 106
   El mercado 110
   Transporte y abastecimiento de agua potable 113

VI. *Los habitantes de la ciudad* 117
    Los *pipiltin* 118
    Los *pochteca* o comerciantes 122
    Los *macehualtin* 124
    La economía 136

VII. *Del nacimiento a la muerte* 145
    Nacimiento 145
    Educación 149
    Matrimonio 151
    Vejez y enfermedad 153
    Muerte 153

VIII. *Cosmovisión y calendario* 160

IX. *La conquista* 174
    Plan de ataque de Cortés y armas con que se contaba
    por ambos bandos 178

Cronología de Tenochtitlan 185

Fuentes bibliográficas y hemerográficas 187

Presentación

El fideicomiso historia de las Américas nace de la idea y la convicción de que la mayor comprensión de nuestra historia nos permitirá pensarnos como una unidad plural de americanos y mexicanos, al mismo tiempo unidos y diferenciados. La obsesión por definir y caracterizar las identidades nacionales nos ha hecho olvidar que la realidad supera nuestras fronteras, en cuanto ésta se inserta en procesos que engloban al mundo americano, primero, y a Occidente, después.

Recuperar la originalidad del mundo americano y su contribución a la historia universal es el objetivo que con optimismo intelectual trataremos de desarrollar a través de esta colección que lleva precisamente el título de Historia de las Américas, valiéndonos de la preciosa colaboración de los estudiosos de nuestro país y, en general, del propio continente.

La Serie Ciudades tratará de desentrañar los orígenes, formación del espacio urbano, la estructura y las funciones de las ciudades, pero sobre todo sus componentes sociales, políticos y culturales y sus transformaciones a lo largo del tiempo. Se trata, por otra parte, de hacer explícitas sus estructuras internas y su funcionamiento, respetando su propia cronología y proceso, pero siempre tratando de arribar a un análisis que identifique y caracterice los rasgos contemporáneos que las distinguen, marque sus problemas y, en lo posible, sea capaz de trazar sus proyecciones futuras.

La continuidad de nuestras series ha sido posible gracias al apoyo incondicional de la actual Directora del Fondo de Cultura Económica, Consuelo Sáizar, y a su personal, al que debemos el excelente cuidado de nuestras publicaciones.

Alicia Hernández Chávez
Presidenta del Fideicomiso Historia de las Américas

Introducción

La ciudad es la expresión evidente de sociedades complejas de la antigüedad que llegaron a reunir a miles y miles de personas dentro de un espacio específico. En ella se asientan los poderes tanto humanos como divinos y se manifiesta la división social y las relaciones que se establecen entre sus habitantes, ya sean los de la propia ciudad o los del campo, además de incluir en su distribución interna espacios de gobierno, de administración, habitacionales, de intercambio, religiosos, viales, defensivos y otros más. Por otra parte, el aspecto cronológico y el crecimiento de la urbe son necesarios para entender su desarrollo. La fundación, el crecimiento y la decadencia de la ciudad nos hablan de tiempo y espacio además de tratar lo relativo al comercio, influencia y expansión a otras regiones ya que la ciudad guarda relación con otros centros similares. Todo ello nos lleva a mostrar a la ciudad desde un punto de vista integral en donde el hombre, de una manera u otra, plasma su propia esencia, que queda expresada a través de la ciudad misma.

El Colegio de México y el Fondo de Cultura Económica abren una nueva serie dedicada al estudio de diversas ciudades antiguas que tuvieron importancia fundamental en la historia de América. Con *Tenochtitlan* se inicia este ambicioso programa que habrá de incluir varios tomos más dedicados a otras tantas ciudades. Hay ciudades lacustres como Tenochtitlan; Teotihuacan se encuentra en un pequeño valle, en tanto que Xochicalco y Monte Albán están en lo alto de cerros cuyas laderas se aprovechan; Copán y Palenque nacen en la selva y Paquimé en una región árida. No todas han sido excavadas con igual intensidad, por lo que la información con que contamos va a variar de una a otra.

Para la ciudad de Tenochtitlan partimos de dos fuentes del conocimiento: la arqueología y las crónicas del siglo XVI y principios del XVII. Ambas se complementan y si bien en el caso de la segunda la información pudo haberse exagerado por parte del cronista, cabe resaltar algo que hemos repetido en varias ocasiones: buen cuidado tuvo el cronista fraile, a diferencia del soldado que trataba de obtener prebendas con sus hazañas, de apegarse a lo que se le refería por sus informantes o lo que observaba, pues trataron de dejar puntual constancia de las particularidades de las sociedades acerca de las que escribían, especialmente en los asuntos que atendían a los aspectos religiosos y de costumbres. Sin embargo, hay que actuar con prudencia, pues cada caso narrado por los cronistas debe ser inscrito dentro del contexto en que se da. Por otra parte, los mitos y la historia que se entretejen a lo largo de determinadas narraciones son igualmente válidas para la comprensión del fenómeno estudiado, si bien hay que ponderar el papel que ambos desempeñan en él.

De esta manera podemos analizar los antecedentes de la ciudad de Tenochtitlan y averiguar cómo urbes más antiguas como Teotihuacan y Tula jugaron un papel preponderante para su establecimiento. En el capítulo I se verá todo lo relacionado con esto. El capítulo siguiente trata acerca de los antecedentes del pueblo mexica, desde su salida de la real o mítica ciudad de Aztlán hasta llegar a asentarse en medio del lago de Texcoco. En el capítulo III veremos la manera en que mito e historia se conjugan desde el momento en que se funda la ciudad hasta la liberación del yugo de Azcapotzalco y el papel de los primeros gobernantes. A continuación vienen capítulos dedicados al espacio sagrado o lugar de habitación de los dioses y su importancia simbólica, en donde el dato arqueológico cobra todo su significado unido a las crónicas que a ello se refieren; después estaremos ante el espacio profano o lugar de la habitación de los hombres. La pregunta obligada surge de inmediato: ¿quiénes hicieron todo esto? El capítulo siguiente nos da respuesta al hablar de los habitantes, sus clases sociales, economía, y otras características sociales y políticas. De inmediato se atiende lo relativo a la vida cotidiana del mexica, desde el nacimiento hasta la muerte, para pasar al análisis del calendario y la cosmovisión de este pueblo. Para finalizar, se verá el momento en que los españoles tocan tierras de Mesoamérica y los factores que intevienen para el triunfo peninsular.

Con todo esto, habremos visto el principio y el fin de Tenochtitlan, ciudad sobre la que se asentó la ciudad colonial y la actual ciudad de México. Cada vez que los arqueólogos penetramos en el subsuelo de la ciudad, hallamos los vestigios que hace 500 años o más quedaron allí depositados. La búsqueda del tiempo perdido aún no termina...

Antes de comenzar queremos expresar nuestro agradecimiento a la doctora Alicia Hernández, presidenta del Fideicomiso Historia de las Américas y profesora investigadora de El Colegio de México, pues a ella se debe en mucho el que hoy podamos remontarnos a través de la arqueología y la historia muchos siglos atrás para recorrer, paso a paso, los intrincados caminos de las ciudades que fueron.

EDUARDO MATOS MOCTEZUMA
San Jerónimo, mayo de 2004

I. Antecedentes: Teotihuacan y Tula

> Cuando aún era de noche
> cuando aún no había día,
> cuando aún no había luz,
> se reunieron,
> se convocaron los dioses
> allá en Teotihuacan.
>
> *Informantes de Sahagún*

LOS AZTECAS, MEXICAS O TENOCHCAS[1] fueron un pueblo que vivió su momento de esplendor hacia los siglos XV y principios del XVI llegando a conquistar buena parte de Mesoamérica. Su solo nombre era suficiente para hacer temblar a sus enemigos, y su ciudad, Tenochtitlan, fue ama y señora de las ciudades asentadas alrededor del lago de Texcoco. Como todo pueblo de la antigüedad, la necesidad de legitimarse ante sus contemporáneos lo llevaba a buscar la relación con los dioses y con los hombres. La primera se lograba a través del mito: fueron los dioses mismos quienes crearon el Quinto Sol, el Sol del hombre nahua, en Teotihuacan. Correspondió a su dios Huitzilopochtli guiarlos durante muchos años hasta llegar al lugar en donde fundarían su ciudad de Tenochtitlan. De esta manera, el vínculo con lo sagrado lo hacía ser el Pueblo del Sol, como bien lo llamara don Alfonso Caso. Por otra parte, el vínculo con el parámetro de grandeza humana los llevó a tratar de establecer relación con los toltecas de Tula (900-1165 d.C.), guerreros y constructores, que al parecer tuvieron a los mexicas bajo su control cuando éstos

---

[1] Son diferentes nombres con los que se conoce a este pueblo. Según los relatos, al estar en Aztlan eran *aztecas* o *aztatecas*. Durante la peregrinación cambian a *mexicas*, conforme a lo que les indica su dios Huitzilopochtli. Al llegar a Tenochtitlan y fundar su ciudad se les denomina *tenochcas*. Pertenecían al grupo náhuatl, al igual que otros pueblos como el tolteca, tepaneca, xochimilca, etc. Para mayor facilidad siempre vamos a emplear el término *mexicas*.

apenas despuntaban en los albores de su historia. Mitos y descendencia del tolteca son incorporados a su propio destino, como veremos en su momento.

De esta manera, las dos ciudades que precedieron a los mexicas, Teotihuacan y Tula, sirvieron para que éstos las tomaran como referencia inmediata en su relación con lo divino y con la grandeza humana. Cada una de ellas jugó un papel importante en la historia mexica y muchas de sus características quedaron plasmadas en Tenochtitlan. Los mexicas supieron recuperar el pasado de las dos ciudades y hacerlo suyo. Veamos cómo ocurrió esto.

Teotihuacan, o la relación con lo divino

Cuando los mexicas llegan al Valle de México hacia el siglo XIII, Teotihuacan (1-750 d.C.) había dejado de existir siglos atrás. El tiempo cubrió sus calles y edificios pero bien se adivinaba en los montículos el trazo de la antigua ciudad. Los aztecas no supieron nunca quién la había construido, pero veían tirados por aquí y por allá restos de esculturas y cerámica que afloraban de la tierra. Los dos grandes montes que encerraban las pirámides del Sol y de la Luna debieron de llamar poderosamente su atención. Tanta grandeza no podía ser obra del hombre; por lo tanto, fueron los dioses quienes las crearon. A tal grado llega la admiración de los pueblos nahuas por la obra de los dioses que uno de sus principales mitos tiene lugar en la vieja ciudad: el nacimiento del Quinto Sol. Recordemos que las Edades o Soles se habían sucedido una a otra en cuatro ocasiones. Diversos mitos nos hablan de esto. En la *Leyenda de los Soles*, escrita hacia 1558 en lengua nahua, se narra cómo ocurrió lo anterior. Miguel León-Portilla en *Los antiguos mexicanos a través de sus crónicas y cantares* consigna el relato:

> Se refería, se decía
> que así hubo ya antes cuatro vidas,

y que ésta era la quinta edad.
Como lo sabían los viejos,
en el año 1-Conejo
se cimentó la tierra y el cielo.
Y así lo sabían,
que cuando se cimentó la tierra y el cielo,
habían existido ya cuatro clases de hombres,
cuatro clases de vidas.
Sabían igualmente que cada una de ellas
había existido en un Sol.

Y decían que a los primeros hombres
su dios los hizo, los forjó de ceniza.
Esto lo atribuían a Quetzalcóatl,
cuyo signo es 7-Viento,
él los hizo, él los inventó.
El primer Sol que fue cimentado,
su signo fue 4-Agua,
se llamó Sol de Agua.
En él sucedió
que todo se lo llevó el agua.
Las gentes se convirtieron en peces.

Se cimentó luego el segundo Sol.
Su signo era 4-Tigre.
Se llamaba Sol de Tigre.
En él sucedió
que se oprimió el cielo,
el Sol no seguía su camino.
Al llegar el sol al mediodía,
luego se hacía de noche
y cuando ya se oscurecía,
los tigres se comían a las gentes.
Y en este Sol vivían los gigantes.
Decían los viejos

que los gigantes así se saludaban:
"no se caiga usted",
porque quien se caía,
se caía para siempre.

Se cimentó luego el tercer Sol.
Su signo era 4-Lluvia.
Se decía Sol de Lluvia [de fuego].
Sucedió que durante él llovió fuego,
los que en él vivían se quemaron.
Y durante él llovió también arena.
Y decían que en él
llovieron las pedrezuelas que vemos,
que hirvió la piedra tezontle
y que entonces se enrojecieron los peñascos.

Se cimentó luego el cuarto Sol.
Su signo era 4-Viento.
Se decía Sol de Viento.
Durante él todo fue llevado por el viento.
Todos se volvieron monos.
Por los montes se esparcieron,
se fueron a vivir los hombres-mono.

El Quinto Sol:
4-Movimiento su signo.
Se llama Sol de Movimiento,
porque se mueve, sigue su camino.
Y como andan diciendo los viejos,
en él habrá movimiento de tierra,
habrá hambre,
y así pereceremos.
En el año 13-Caña,
se dice que vino a existir.
Nació el Sol que ahora existe.

Entonces fue cuando iluminó,
cuando amaneció,
el Sol de movimiento que ahora existe.
4-Movimiento es su signo.
Es éste el Quinto Sol que se cimentó,
en él habrá movimiento de tierra,
en él habrá hambres.

Este Sol, su nombre 4-Movimiento,
éste es nuestro Sol,
en el que vivimos ahora,
y aquí está su señal,
cómo cayó en el fuego el Sol
en el fogón divino,
allá en Teotihuacan.
Igualmente fue este Sol
de nuestro príncipe, en Tula,
o sea de Quetzalcóatl.

Así relatan las viejas crónicas cómo fue en Teotihuacan en donde surgió el Quinto Sol, el Sol del hombre nahua. No sólo en los mitos aparecen estas Edades o Soles, sino también en monumentos como la Piedra del Sol o Calendario azteca y en otras esculturas mexicas en que también están representados.

Pero el asunto va más allá. El nombre mismo de la ciudad, Teotihuacan, que bien se puede traducir como "lugar en donde se hacen los dioses", viene a colación por otra parte del mito que nos habla de cómo los dioses se congregaron en Teotihuacan para crear el Quinto Sol. Reunidos los dioses, convocan a dos de ellos con el fin de que se arrojen a la hoguera. Son Tecucistécatl y Nanahuatzin. El primero es arrogante y vanidoso; el otro es sencillo y está enfermo. Ambos se preparan haciendo penitencia y ofrendando a los dioses. Llegado el momento, Tecucistécatl avanza hacia la hoguera pero duda en arrojarse hasta en cuatro ocasiones. "Prueba tú, Nanahuatzin", dicen los dioses al enfermillo. Éste no duda y se arroja dentro del fuego. De inmediato se convierte en Sol y surge luminoso. Viendo esto, el soberbio Tecucistécatl hace lo mismo pero ya sólo quedan rescoldos, por lo que se convierte en luna. Nace así el Quinto Sol. Pero los dioses no saben por dónde habrá de salir. Unos piensan que lo hará por el oeste, otros se inclinan a pensar que será por otros lados. Únicamente algunos de ellos, como Xipe Tótec y el mismo Quetzalcóatl, piensan que lo hará por el oriente. Y así sucede. Es por eso que el primero de ellos rige, como Tezcatlipoca Rojo, el rumbo oriental del universo. En el caso de Quetzalcóatl, dios del Viento, su templo circular está siempre ubicado frente al Templo Mayor de Tenochtitlan, viendo hacia el oriente, el rumbo por donde sale el Sol. Sin embargo, falta aún que el Sol se ponga en movimiento. Entonces los dioses vuelven a dialogar entre ellos y se preguntan:

> —¿Cómo habremos de vivir?
> ¡No se mueve el Sol!
> ¿Cómo en verdad haremos vivir a la gente?
> ¡Que por nuestro medio se robustezca el Sol,
> sacrifiquémonos, muramos todos!

Es así como por medio del sacrificio y muerte de los dioses el Sol comenzó su andar diario por el firmamento. Entonces crearon los dioses a los hombres. Correspondió a Quetzalcóatl ir al Mictlán, al mundo de los muertos, para recuperar los huesos de los antepasados. Después de muchas peripecias logra robarlos y huye del lugar. Luego de esto, los depositó en el lebrillo precioso de la diosa Quilaztli y sangró su miembro para con la sangre bañarlos, dando vida al género humano. Fue, pues, la acción de los dioses y su sacrificio y muerte lo que creó al Sol y a los hombres. El portento del Quinto Sol ocurrió en Teotihuacan, de donde se desprende la importancia que la antigua ciudad va a tener para el hombre nahua y en particular para el mexica. A tal grado llega esto que para la construcción de Tenochtitlan el mexica va a tomar la distribución de la antigua ciudad para aplicarla en la suya propia. Teotihuacan había sido construida con base en dos grandes ejes que corren de norte a sur y de oriente a poniente, con lo cual la ciudad queda dividida en cuatro cuadrantes. El centro lo ocupa, en los inicios de la ciudad, la Pirámide del Sol. Posteriormente se desplazará más al sur a la gran plaza de la Ciudadela con el conocido Templo de Quetzalcóatl o de la Serpiente Emplumada. Estos edificios juegan el papel de centros del universo, de *axis mundi* de la ciudad, y siempre estarán orientados hacia el poniente, hacia el rumbo donde se oculta el sol. También se asocian con sacrificios humanos. En el caso de la Pirámide del Sol, don Leopoldo Batres encontró a principios del siglo XX en cada una de sus esquinas y en los cuatro cuerpos que componen el monumento restos óseos de infantes, lo que bien pudiera relacionarse con el culto al dios del agua. En el caso del Templo de Quetzalcóatl, en la década de los años noventa se encontraron esqueletos con las manos atadas a la espalda en los cuatro lados del edificio, en grupos de 2, 4, 9 y 18 individuos. Por otra parte, la asociación con el agua, el manantial o las cuevas también está presente en ellos, como es el caso de la cueva encontrada debajo de la Pirámide del Sol y que prueba que este edificio se construyó encima de ella, pues la cueva guarda dos acepciones en el México prehispánico: es matriz de donde nacen pueblos y también entrada al inframundo, por lo que la dualidad por excelencia —vida y muerte— está presente. En el caso de la Ciudadela y del Templo de Quetzalcóatl, las serpientes ondulantes rodeadas por elementos marinos como conchas y caracoles nos remontan a la presencia del agua. Por otra parte, la ciudad se establece conforme al movimiento solar y adquiere así la idea que se tenía de la estructura universal con los cuatro rumbos del universo y el centro representado en el templo o montaña sagrada, el Altépetl, que guarda el agua y los dones para la comunidad asentada a su alrededor. Esto mismo va a suceder con el recinto ceremonial de Tenochtitlan y con su templo principal, que guardan la misma orientación y los mismos simbolismos. También sabemos que se hacían peregrinaciones periódicas a Teotihuacan, pues el carácter sagrado de la desaparecida urbe lo hacía indispensable, como también fue importante para el mexica excavar en la ciudad de los dioses para conocer la obra de quienes la hicieron. Es por eso que en el Templo Mayor de Tenochtitlan se han encontrado más de 40 objetos teotihuacanos procedentes de la vieja ciudad, entre los que se cuentan máscaras de piedra, vasijas de cerámica y otros más, que fueron depositados como ofrenda en honor de Tláloc y de Huitzilopochtli, dioses que presiden el principal templo mexica. También se han encontrado edificios que guardan el orden arquitectónico de talud y tablero, como el caso de los llamados Templos Rojos, en cuyos muros se aprecian pinturas que recuerdan elementos presentes en los murales de Teotihuacan. La imitación de esculturas como la del dios viejo y del fuego, Huehuetéotl, que evoca a sus antecesores teotihuacanos, fueron labradas en piedra con el típico estilo mexica. De todo esto ha dicho Leonardo López Luján:

> [...] la recuperación del pasado teotihuacano, puesto de manifiesto en las visitas periódicas a la Ciudad de los Dioses, en el ofrecimiento de sus antigüedades como preciados regalos a las deidades del Templo Mayor (reutilización secundaria) y en la construcción de edificios que seguían las pautas arquitectónicas de esa urbe (retorno), tiene que ser incluida dentro de la serie de acontecimientos históricos enumerados anteriormente. Ese rescate de una tradición extinta debe entenderse como una de tantas estrategias esgrimidas por la nobleza mexica para sustentar ante propios y extraños, y ante mortales y dioses, su posición dominante.

Como queda dicho, todo lo que el mexica incorpora de Teotihuacan guarda estrecha relación con los dioses y con los mitos primigenios. Repite la traza de la urbe; recupera objetos que son depositados en el Templo Mayor, que a su vez representa el centro del universo mexica; imita esculturas, pintura y arquitectura. Quieren hacerlo todo a imagen y semejanza de los dioses…

Tula, capital de los toltecas

Si Teotihuacan sirvió como vínculo con los dioses, Tula servirá para con los hombres. Las crónicas señalan que fue fundada por

Quetzalcóatl hacia el año 900 d.C., si bien sabemos por la arqueología que con anterioridad hubo un asentamiento en lo que he denominado Tula Chico, al norte de la plaza conocida de Tula, entre los años 600 y 900 d.C. La expansión tolteca los lleva a controlar una amplia región y se habla de "los veinte brazos del tolteca". Sinónimo de grandes artistas, el nombre tolteca se atribuye a sus moradores aunque, en comparación con Teotihuacan, Tula no alcanza ni la mitad de extensión ni la cantidad de habitantes que tuvo la primera. La grandeza de Teotihuacan y su presencia en muchos lugares de Mesoamérica la hacen aparecer como la metrópoli primordial. No así Tula, que algún autor equiparó con la imagen de la Jerusalem bíblica. Sin embargo, para un pueblo como el mexica al que, según Paul Kirchhoff, los toltecas tenían sojuzgado y era una de sus provincias tributarias más remotas, éstos debieron representar la grandeza humana. Sus mitos son incorporados por el mexica y en Tenochtitlan se ven vestigios que recuerdan a los que se encuentran en Tula. Además, este pueblo trata por todos los medios de hacerse pasar por descendiente del tolteca. Esto no es de extrañar, pues bien sabemos que muchos pueblos de la antigüedad tienen, en relación con su opresor, una imagen de grandeza que los lleva a imitarlo y querer ser parte de lo que éste representa.

Para dar una idea de la imagen que el mexica tenía del tolteca veamos qué nos dicen los informantes de Sahagún en el *Códice matritense de la Academia*:

> Eran pintores, escribanos de códices, escultores,
> trabajaban la madera y la piedra,
> construían casas y palacios,
> eran artistas de la pluma,
> alfareros…
>
> En verdad eran sabios [los] toltecas,
> sus obras todas eran buenas, todas rectas,
> todas bien planificadas,
> todas maravillosas…

> Los toltecas eran muy ricos,
> eran felices,
> nunca tenían pobreza ni tristeza…
>
> Los toltecas eran experimentados,
> acostumbraban dialogar con su propio corazón.
> Conocían experimentalmente las estrellas,
> les dieron sus nombres.
> Conocían sus influjos,
> sabían bien cómo marcha el cielo,
> cómo da vueltas…
>
> Porque en verdad allí en Tulla estuvieron viviendo,
> porque allí residieron,
> muchas son las huellas que allí quedan de sus obras.
> Dejaron lo que hasta allí está,
> lo que puede verse,
> las columnas no concluidas en forma de serpiente,
> con sus cabezas que descansan sobre el suelo,
> y arriba sus colas y sus cascabeles…
>
> También se miran los templos y pirámides toltecas,
> y restos de sus vasijas,
> tazones toltecas, ollas y jarros toltecas,
> que muchas veces se descubren en la tierra.
> Joyas toltecas, pulseras, jades y turquesas preciosas,
> se encuentran allí enterradas.

Como puede apreciarse, todo está referido al hombre: sus edificios, sus templos, su quehacer como artesanos. Es la imagen de la grandeza humana. Por cierto que la descripción de las columnas en forma de serpientes con sus cabezas abajo y la cola hacia arriba indican que las habían visto, ya que, en efecto, así se encuentran en Tula. Además, en la ciudad mexica se han excavado diversos vestigios que nos recuerdan a las que hay en Tula. En el Recinto de las

Águilas, al norte del Templo Mayor, se encontraron banquetas hechas con piedras esculpidas que representan procesiones de guerreros con policromía, similares a las que encontró don Jorge Acosta en el Palacio Quemado de Tula. En etapas más tardías del Templo Mayor se han localizado otros bloques de piedra con la misma representación. Más aún, en una de las etapas tempranas del templo Mayor, que ubicamos alrededor del año 1390 d.C., se encontró la escultura de un *chac-mool*, personaje semirecostado que tiene un recipiente sobre el vientre y que aún conserva sus colores originales y guarda estrecha relación con Tláloc, copiado evidentemente de los varios que se han encontrado en Tula. Cabe señalar que sus formas muestran un estado intermedio entre los propiamente toltecas y los del momento del apogeo mexica, pues contamos con otra figura de éstas que guarda el típico estilo mexica del momento de esplendor. También en esta etapa temprana, debajo del piso del adoratorio de Huitzilopochtli, se localizó una vasija de cerámica plumbate que sirvió como urna funeraria. Este tipo de piezas están presentes en el altiplano desde la época tolteca. Se han encontrado en Tula y provienen de lo que hoy es Guatemala. Esta vasija tiene forma de perro y no hay que olvidar que este animal acompañaba a los muertos en su viaje al inframundo. Otras evidencias son las cinco figuras de atlantes localizadas en la calle de Guatemala 12, frente al Templo Mayor, similares a los encontrados en Tula pero de menores dimensiones. Se ha discutido si son de factura mexica o tolteca. Para Beatriz de la Fuente, quien las ha estudiado, no cabe duda de que se trata de piezas mexicas que imitan a los atlantes de Tula. La función de estos últimos, que representan guerreros armados con el *atlatl* o lanzadardos, era la de servir como pilares para sostener el techo del templo de la parte superior del Edificio B; no así las cinco piezas halladas en Tenochtitlan, pues por su tamaño no podrían haber desempeñado tal función. A esto hay que agregar que algunas piezas toltecas fueron trasladadas desde su lugar de origen hasta Tenochtitlan, como lo hicieron también con objetos teotihuacanos. Tal es el caso de otro chac-mool sin cabeza recuperado frente al Templo Mayor debajo de una esquina del patio central del edificio de los Marqueses del

Apartado, que tanto por la forma como por el material de que está hecho y sus características propias, proviene sin lugar a dudas de la capital tolteca.

Todo esto nos está indicando cómo el mexica va a hacer suyas estas presencias toltecas. Arquitectura, escultura, cerámica, ya sean de fabricación propia o traídas desde Tula, van a estar presentes en el área ceremonial de Tenochtitlan. Y a esto hay que agregar algunos mitos, como veremos en su momento.

La relación con el parámetro de grandeza humana está dado...

Reflexión final

La presencia de ambas ciudades tuvo repercusión indiscutible en los pueblos posteriores que se asentaron en el Valle de México. La importancia de cada una, como hemos visto, va a partir de diferentes ópticas: una guarda la relación con lo divino; la otra, con lo humano. Veamos cuáles elementos de las dos ciudades son incorporados por el mexica a su propia cultura. Empecemos con el urbanismo, del cual ya mencionamos cómo de Teotihuacan se toma la división de la ciudad en cuatro cuadrantes o "barrios", marcados por grandes calzadas que guardan un eje norte-sur y oriente-poniente. El patrón de asentamiento de Tula está ausente en Tenochtitlan.

De la arquitectura, se toma de Teotihuacan el edificio principal que se constituye en *axis mundi* y Altépetl, con las siguientes características: orientado hacia el poniente; presencia de cueva sagrada o manantial; construcción del edificio sobre una cueva o señal; presencia de agua; sacrificio humano, y plataforma circundante que delimita el espacio sagrado. En la arquitectura mexica también vemos el orden de talud y tablero. De Tula se incorporan las banquetas de guerreros policromados y el *zacatapayolli* como centro de convergencia, tal cual se ven en el Palacio Quemado; imitación a escala menor de atlantes y cariátides; juego de pelota en forma de doble T; *tzompantli* o lugar para cráneos; templo circular de Ehécatl orientado hacia el Este; altar-tzompantli con adornos de cráneos y huesos cruzados.

En lo que respecta a la escultura, de Teotihuacan se toman o imitan las representaciones del Dios Viejo (Huehuetéotl); se traen de Teotihuacan máscaras, cerámica, figuras de piedra, etc., que se depositan en las ofrendas del Templo Mayor mexica. De Tula tenemos el chacmool en dos variantes: piezas elaboradas en Tenochtitlan dentro del estilo propiamente azteca como el conocido chac-mool encontrado en 1943 en la calle de Venustiano Carranza o el excavado frente a la entrada del adoratorio de la etapa II del Templo Mayor, el cual, por cierto, muestra un tallado que no corresponde plenamente a los chac-mool toltecas pero tampoco a los trabajados en Tenochtitlan dentro del estilo propio mexica. La otra variante son figuras de chacmool traídas desde Tula a Tenochtitlan, como el encontrado debajo del Edificio de los Marqueses del Apartado, frente al Templo Mayor.

En cuanto a la expresión de la pintura mural, en los Templos Rojos de Tenochtitlan vemos medios ojos al estilo teotihuacano que decoran las alfardas. De la pintura tolteca no recordamos ninguna evidencia.

De la producción cerámica se han encontrado ollas Tláloc y otras vasijas teotihuacanas en ofrendas del Templo Mayor. Se han localizado en la Casa de las Águilas braseros pintados de blanco, en algunos casos con la efigie del rostro del dios del agua, parecidos a los hallados en Tula.

En lo que respecta a las órdenes militares de guerreros águila, jaguares y coyotes, tenemos evidencias en Atetelco y otros lugares teotihuacanos. En Tula vemos águilas, jaguares y coyotes en el edificio de Tlahuizcalpantecuhtli, que bien pudieran referirse a estas "órdenes" militares que posteriormente tendrán una enorme importancia en Tenochtitlan.

De los mitos ya hemos hablado. En Teotihuacan surge el Quinto Sol y algunos mitos toltecas son incorporados, como se verá más adelante, en relación con la fundación de la ciudad de Tenochtitlan. Por todo esto, cuando los mexicas se establecen en el lago de Texcoco cuentan con una serie de antecedentes con los que tratan de relacionarse y todo ello queda expresado en su ciudad, en sus mitos, en su historia.

II. De Aztlan a Tenochtitlan

Los orígenes de un pueblo

Diversas crónicas y códices refieren cómo los aztecas estuvieron asentados en sus orígenes en un lugar llamado Aztlan o Aztatlan, lugar de la blancura o de las garzas. Ubicado al norte del Valle de México, no se sabe a ciencia cierta en dónde se encuentra este lugar o si en realidad nunca existió y tiene un carácter mítico. Acerca de la ubicación de Aztlan, podemos mencionar en primer lugar lo que dicen algunas fuentes históricas sobre el particular, pues no hay unanimidad de opiniones, y a continuación analizaremos, aunque sea brevemente, la posición que sobre el tema tienen algunas investigaciones recientes que han estudiado lo anterior.

Para comenzar, es importante no perder de vista cómo en el caso de los mexicas es evidente que muchas de las ideas sobre su lugar de procedencia y las peripecias que ocurren hasta llegar al sitio final de asentamiento están tomadas de relatos de pueblos anteriores, como el tolteca y el chichimeca. Vemos cómo, según Alva Ixtlilxóchitl en su *Historia de la nación chichimeca,* los toltecas fueron desterrados de su asentamiento original y anduvieron por varios lugares, y en uno de ellos que refiere como el Mar de Cortés, señalan la fecha 1-Técpatl. Vienen dirigidos por siete caudillos hasta que llegan a Tulancingo, lugar en que se asientan primero para luego continuar y fundar Tula "que fue la cabeza de su monarquía e imperio", según Fernando de Alva Ixtlilxóchitl. Por su parte, fray Bernardino de Sahagún relata en su *Historia general de las cosas de Nueva España* cómo los toltecas y otros pueblos estaban en un lugar de siete cuevas y su dios les ordena partir de allí, pasando por Tulancingo y después llegan a Tula. Otro ejemplo lo tenemos en la *Historia tolteca-chichimeca,* en donde se dice que los chichimecas estaban asentados en

Lámina 1. *Chicomóztoc* o lugar de las siete cuevas, generador de pueblos *(Historia tolteca-chichimeca)*

Chicomóztoc, lugar de las siete cuevas, que están pintadas dentro de un cerro curvo (Teoculhuacán), de donde parten los siete grupos para llegar a la ciudad sagrada de Cholula, guiados por dos dirigentes toltecas. Otro tanto ocurre en el *Mapa de Coatinchan 2*, que en buena medida corresponde a lo relatado por la *Historia tolteca-chichimeca*. Por cierto, no hay que olvidar que los mexicas se consideran de ascendencia chichimeca. Si comparamos este relato con lo que conocemos de los mexicas, vemos cómo éstos parten en un año 1-Técpatl de Aztlan, lugar en medio de un lago (elemento acuoso que es símbolo del origen primordial), cercano a Culhuacan (cerro curvo) y a Chicomóztoc (siete cuevas), pasan por diversos sitios y se asientan en Coatepec, en donde enfrentan luchas internas, y de ahí pasarán a fundar Tenochtitlan. La presencia de estos símbolos aparece en diversas pictografías, como la ya mencionada *Historia tolteca-chichimeca;* en el *Mapa 2* de Coatinchan; en la *Tira de la Peregrinación* o *Códice Boturini*; en el *Códice Azcatitlan*; en el *Mapa Sigüenza,* el *Aubin,* el *Ríos* y el *Chimalpopoca*. Por cierto, el hecho de plantear que se proviene de cuevas es importante, pues la cueva tiene dos acepciones en el México prehispánico: la de matriz que pare pueblos, como es el caso de Chicomóztoc, y la representación que de ella se hace en la *Historia tolteca-chichimeca*, con las cuevas revestidas de piel para representar la matriz, además de que así lo indica el texto. Por otra parte, las cuevas son lugares por donde se puede entrar al inframundo, al lugar de los muertos. De esta manera queda expresada la dualidad vida-muerte: la matriz de donde nacen pueblos y a través de ella se pasa al mundo de los muertos. Recordemos cómo Tlaltecuhtli, Señor de la Tierra entre los mexicas, es el gran devorador de cadáveres que come la sangre y la carne de los muertos que después pasan a la matriz y de allí, en un rito de tránsito, pasan a ser paridos para que vayan al lugar que se les haya deparado conforme al género de muerte. El sol mismo es devorado día a día para ser dado a luz cada mañana. La cueva es, pues, lugar de origen y lugar de destino.

Veamos a continuación algunas crónicas del siglo XVI que nos hablan del lugar de origen. Vamos a comenzar con fray Diego Durán y su obra *Historia de las Indias de Nueva España e islas de la Tierra Firme*. En ella se refiere a Aztlan y a su ubicación, además de mencionar cómo provienen de un lugar de las siete cuevas. Dice así: "Estas cuevas son en Teoculuacan, que por otro nombre se llama Aztlan, tierra de que todos tenemos noticias caer hacia la parte del Norte y tierra firme de Florida". Más adelante agrega que: "Salieron, pues, siete tribus de gentes de aquellas siete cuevas donde habitaban, para venir a buscar esta tierra, a las cuales llamaban Chicomoste, de donde vienen a fingir que sus padres nacieron de unas cuevas [...]".

Las siete tribus que menciona Durán son: xochimilcas, chalcas, tepanecas, culhuas, tlahuicas y tlaxcaltecas y, finalmente, la de los mexicanos. En esto coincide el *Códice Ramírez,* aunque éste señala como lugar de origen Nuevo México. Sin embargo, no hay que olvidar que tanto el *Manuscrito Tovar* como el *Códice Ramírez* parecen referirse a lo mismo y también guardan cierta similitud con datos de la obra del dominico Durán, tanto en lo allí escrito como en láminas que lo representan. Preferimos, de aquí en adelante y cuando el caso lo requiera, basarnos en la *Historia* de Durán.

Por su parte y referido al origen de los mexicas, leemos en la *Crónica Mexicáyotl* de Fernando Alvarado Tezozómoc lo siguiente:

> El lugar de su morada tiene por nombre Aztlan, y por eso se les nombra aztecas; y tiene por segundo nombre el de Chicomóztoc, y sus nombres son estos de aztecas y mexicanos; y hoy día verdaderamente se les llama, se les nombra mexicanos; pero después vinieron aquí a tomar el nombre de tenochcas.
>
> Los mexicanos salieron de allá del lugar llamado Aztlan, el cual se halla en mitad del agua; de allá partieron para acá los que componían los siete "calpulli".

Lámina 2. Salida de Aztlan (*Códice Boturini* o *Tira de la Peregrinación*) se ve el año "uno técpatl" y el lugar del cerro de Culhuacan. A la derecha los siete *calpullis* y los cuatro *teomamas* o cargadores.

> El Aztlan de los antiguos mexicanos es lo que hoy día se denomina Nuevo México…

Otro cronista que trata el tema es Francisco de San Antón Muñón Chimalpahin, quien coincide con lo anterior al referir en su "Segunda Relación":

> Hacía 236 años para entonces que los mexicas chichimecas habían partido de Aztlan Chicomóztoc y durante todo este tiempo habían andando de un lado para otro sin poder establecerse definitivamente en ningún lado…

Finalmente, vale la pena mencionar a Cristóbal del Castillo, ya que en la *Historia de la venida de los mexicanos y otros pueblos* se refiere a los momentos más tempranos de los mexicas. Señala en su escrito cómo éstos atravesaron por donde se partió el mar y ocupaban un lugar llamado Chicomóztoc-Aztlan. Dice así el relato: "[…] de allá vinieron su nombre era, se nombraban, aztecas chicomoztocas, pues dicen que de donde salieron, cuando vinieron, [fue de] Chicomóztoc Aztlán".

No pretendemos hacer una discusión prolija de los diversos cronistas y otras tantas versiones del lugar de origen de los mexicas. De esto se han encargado autores actuales como Christian Duverger en el libro *El origen de los aztecas*. Lo que sí podemos rescatar de lo anterior es que el lugar de origen se pierde en el tiempo y no hay coincidencia en cuanto a su ubicación. También hay que resaltar la relación entre tres lugares: Aztlan o Aztatlan (lugar de garzas o de la blancura); Chicomóztoc (Siete cuevas) y Teoculhuacan o Culhuacan (cerro curvo). Sin embargo, vamos a presentar las ideas de algunos investigadores que tratan de localizar estos lugares.

Según autores como Kirchhoff, ya mencionado, hacia el año 1000 d.C., ocupaban Aztlan, que este autor ubica hacia lo que hoy es Guanajuato, bajo la sujeción de los entonces poderosos toltecas. Eran parte de su imperio y se trataba de una de las provincias más lejanas de éste. Por su parte, Wigberto Jiménez Moreno lo ubica hacia la región de Nayarit, en donde hay una población con el nombre de Aztatlan. No falta quien relacione la isla de Mexcaltitán, en la costa de Nayarit, como el lugar original, ya que el pueblo guarda una distribución que tiene cierto parecido con la de Tenochtitlan, lo cual ha sido descartado por los trabajos arqueológicos ahí practicados. Como se ve, al igual que los cronistas del xvi los investigadores actuales tampoco se ponen de acuerdo. Una nueva idea ha surgido en cuanto a los pasos y sitios por donde pasó la "peregrinación" azteca: Duverger ha propuesto que, visto detenidamente, los lugares corresponden paso a paso con el viaje al Mictlan, es decir, que proceden del norte, que bien sabemos es el rumbo del Mictlampa, región de los muertos. También Doris Heyden deja entrever que los mexicas pudieron irse del Valle de México hacia el norte para después regresar, como lo han planteado diversos investigadores.

Y aquí viene a cuento otra discusión. ¿Realmente eran los mexicas aquel pueblo semibárbaro y nómada que andaba de un lado para otro? ¿Cuál era su nivel de adelanto previo a la fundación de Tenochtitlan? Fue Carlos Martínez Marín uno de los primeros investigadores en tratar el asunto al considerar que, desde que se encontraban en Aztlan, los mexicas ya eran un pueblo mesoamericano. El tema atrajo la atención de otros autores, como Enrique Florescano, quien invitó a discutir sobre el asunto a Pedro Carrasco, Alfredo López Austin y Georges Baudot para que se pronunciaran sobre el tema y sobre la relación entre historia y mito. Acerca del primer tema, López Austin deja ver su desacuerdo con Florescano y Duverger:

> La propuesta de Florescano es controvertible en su misma base: el grado de desarrollo de los mexicas en el periodo de la migración [...] Florescano presenta a los mexicas como cazadores errantes, ignorantes de la agricultura y de cualquier otra tecnología desarrollada, desconocedores de los panteones mesoamericanos y del calendario, un grupo beligerante que tuvo que aprender un arte más arduo que el de la guerra para poder insertar sus propios mitos y dioses en una cosmovisión compleja.

Acerca de esto, López Austin se inclina hacia la posición de Martínez Marín esgrimiendo las razones expresadas en su participación. Por mi parte, pienso que, como lo señala Martínez Marín, los mexicas ya eran un pueblo mesoamericano desde sus orígenes y que lo que sucede es que se encontraban en calidad de tributarios posiblemente de los toltecas, como lo expresa Kirchhoff; de ahí la imagen de pobreza con que se los presenta. Ahora bien, en cuanto al segundo tema de la relación historia-mito, Pedro Carrasco llega a una conclusión que compartimos, al decir que las tradiciones indígenas tienen dos formas extremas de describirse: una de ellas corresponde al tiempo de la creación, en donde actúan personajes sobrehumanos y hechos sobrenaturales. En la otra tradición, quienes actúan son seres humanos y las fuerzas o seres sobrenaturales intervienen de la misma manera que como ocurre en la vida actual. Lo anterior nos lleva de inmediato a tratar un asunto de enorme importancia: la manera en que se funden realidad y mito en los relatos que se refieren a la llamada peregrinación azteca, y posteriormente a lo concerniente a la fundación de Tenochtitlan. No hay que olvidar que, para la mayoría de los pueblos antiguos, sus orígenes y antecedentes históricos y la fundación de su ciudad van acompañados de mitos y símbolos que es necesario analizar. Los mexicas no fueron ajenos a esto.

Ahora bien, creo que tanto el dato histórico como el mítico tienen un valor relevante para la comprensión de un acontecimiento importante. El primero constituye el hecho real, verídico, en tanto que el segundo es la respuesta que los pueblos hacen suya y dan a determinados acontecimientos, ya en relación con el origen del universo, ya con la creación del hombre o de un pueblo, etc. En el caso que nos ocupa, haremos mención de uno y otro cuando esto sea posible. Para esto vamos a referir un acontecimiento relevante que acontece, según diversas fuentes, cuando los aztecas o mexicas se asientan en Coatepec.

Coatepec, imagen de Aztlan y de Tenochtitlan

Las fuentes históricas, como la de Cristóbal del Castillo, que pone atención a los momentos más tempranos del grupo, relatan que después de la salida de Aztlan los mexicas avanzan guiados y gobernados por un valiente guerrero de nombre Huitzilopochtli, "Colibrí Zurdo", que servía al gran Tlacatecólotl Tetzauhtéotl, deidad que promete sacarlos de Aztlan para llevarlos a un nuevo lugar que por su descripción en mucho recuerda a Tenochtitlan, pero también a Coatepec, sitio este último en donde se establecen por un tiempo. Dice así el relato de Del Castillo, acerca de la tierra prometida: "[…] ya fui a observar dónde está el lugar bueno y recto, el único lugar que es como éste, donde también hay un lago muy grande, donde todo crece, todo lo que habréis de necesitar […]".

Es por eso que nos interesa resaltar la llegada a Coatepec, "Cerro de la Serpiente", que se ubica "cercano a Tula" según el mito que relata lo que allí va a ocurrir. Aquí podemos seguir los pasos que, en este caso en particular, se van a dar para que surja uno de los principales mitos mexicas: el del nacimiento y lucha de su dios Huitzilopochtli, que de ser gobernante y guía de los mexicas se va a convertir en dios después de su muerte. Esto resulta importante, ya que Coatepec se describe como un lugar donde se asientan los mexicas y los siete barrios que los conformaban y hacen represas para contener el agua y crecen las espadañas, tules, sabinos y otras plantas. El lago así formado se llena de peces y las aves lacustres, como patos, ánsares y gallaretas, se concentran en el lugar. Allí establecen su asiento hacia los cuatro rumbos cardinales. Dice Durán acerca de esto:

> Asentados ya y puestos en orden en sus tiendas alrededor del tabernáculo, por el orden que su dios y sacerdote les mandaba, unos a Oriente y otros a Poniente, al Mediodía y al Norte, mandó en sueños a los sacerdotes que atajasen el agua de un río, que junto allí pasaba, para que aquel agua se derramase por aquel llano y tomase en medio aquel ce-

Lámina 3. Coatlicue, madre de los dioses. Encontrada en la plaza mayor de la ciudad de México el 13 de agosto de 1790.

rro donde estaban, porque les quería mostrar la semejan[za] de la tierra y sitio que les había prometido.

Todo esto nos está indicando que Coatepec guarda parecido con Aztlan, por un lado, y con Tenochtitlan, por el otro. Ambos extremos, el punto de partida y el lugar de llegada, se ubican en una isla o cerro en un medio acuático; una fauna y una flora similares; orientación hacia los rumbos universales; es decir, que es un prototipo del lugar de origen y del de llegada. Pese a esto, su dios Huitzilopochtli no está de acuerdo con que permanezcan allí y arremete en contra de los del barrio de Huitznahua, encabezados por una mujer de nombre Coyolxauhqui, quienes pensaban que ya habían llegado al lugar prometido por el dios y que en él deberían permanecer. Este acontecimiento ha sido interpretado como una lucha interna entre barrios para tener el control del grupo mayor.[2] Este suceso, del que salen vencedores los grupos fieles a Huitzilopochtli, se va a transformar de lucha entre hombres a lucha entre dioses. El hecho real se mitifica y entonces surge el mito. En él vemos cómo la diosa de la tierra, Coatlicue, habita en el cerro de Coatepec. Un día en que está barriendo y haciendo penitencia una pluma es tomada por la diosa, quien la guarda en su seno. De inmediato queda embarazada. Al saber lo anterior, sus hijos —Coyolxauhqui y los cuatrocientos huitznahuas— se incomodan y acuerdan ir a Coatepec y matar a la madre por lo que ellos consideran una afrenta. Se atavían para la guerra y marchan con Coyolxauhqui al frente de los escuadrones. Coatlicue está angustiada, pero el hijo que lleva en el vientre, que no es otro que Huitzilopochtli, dios solar y de la guerra, le advierte que no debe preocuparse, que él se hará cargo de la situación. Pide a Cuahuitlícac que le avise por dónde vienen sus belicosos hermanos para nacer y combatirlos. Veamos cómo continúa el relato, una vez mitificado, en la versión de Sahagún en traducción de Miguel León-Portilla:

> En ese momento nació Huitzilopochtli,
> se vistió sus atavíos,
> su escudo de plumas de águila,
> sus dardos, su lanzadardos azul,
> el llamado lanzadardos de turquesa.
> Se pintó su rostro
> con franjas diagonales,
> con el color llamado "pintura de niño".
> Sobre su cabeza colocó plumas finas,
> se puso sus orejeras.

[2] Yólotl Gónzalez de Lesur, "El dios Huitzilopochtli en la peregrinación mexica", *Anales del INAH*. t. XIX, México, 1968.

Y uno de sus pies, el izquierdo, era enjuto,
llevaba una sandalia cubierta de plumas,
y sus dos piernas y sus dos brazos
los llevaba pintados de azul.

Y el llamado Tochancalqui
puso fuego a la serpiente hecha de teas llamada Xiuhcóatl,
que obedecía a Huitzilopochtli.
Luego con ella hirió a Coyolxauhqui,
le cortó la cabeza,
la cual vino a quedar abandonada
en la ladera de Coatépetl,
montaña de la serpiente.
El cuerpo de Coyolxauhqui
fue rodando hacia abajo,
cayó hecho pedazos,
por diversas partes cayeron sus manos,
sus piernas, su cuerpo.

Entonces Huitzilopochtli se irguió,
persiguió a los 400 surianos,
los fue acosando, los hizo dispersarse
desde la cumbre del Coatépetl, la montaña de la culebra.
Y cuando los había seguido
hasta el pie de la montaña,
los persiguió, los acosó cual conejos,
en torno de la montaña.
Cuatro veces los hizo dar vueltas.
En vano trataban de hacer algo en contra de él,
en vano se revolvían contra él
al son de los cascabeles
y hacían golpear sus escudos.
Nada pudieron hacer,
nada pudieron lograr,
con nada pudieron defenderse.

Huitzilopochtli los acosó, los ahuyentó,
los destrozó, los aniquiló, los anonadó.
Y ni entonces los dejó,
continuaba persiguiéndolos.
Pero ellos mucho le rogaban, le decían:
"¡Basta ya!"
Pero Huitzilopochtli no se contentó con esto,
con fuerza se ensañaba contra ellos.
Los perseguía.
Sólo unos cuantos pudieron escapar de su presencia,
pudieron librarse de sus manos.
Se dirigieron hacia el sur,
porque se dirigieron hacia el sur
se llaman 400 surianos,
los pocos que escaparon
de las manos de Huitzilopochtli.
Y cuando Huitzilopochtli les hubo dado muerte,

Lámina 4. Huitzilopochtli en el cerro-templo de Coatepec *(Códice Azcatitlan)*.

cuando hubo dado salida a su ira,
les quitó sus atavíos, sus adornos, su anecúyotl,
se los puso, se los apropió
los incorporó a su destino,
hizo de ellas sus propias insignias.
Y este Huitzilopochtli, según se decía,
era un portento,
porque con sólo una pluma fina,
que cayó en el vientre de su madre Coatlicue,
fue concebido.
Nadie apareció jamás como su padre.
A él lo veneraban los mexicas,
le hacían sacrificios,
le honraban y servían.
Y Huitzilopochtli recompensaba
a quien así obraba.
Y su culto fue tomado de allí,
de Coatepec, la montaña de la serpiente,
como se practicaba desde los tiempos antiguos.

Del relato anterior podemos extraer varios puntos interesantes. En primer lugar, cómo un hecho real de lucha por el poder se va a convertir en un mito. En segundo lugar este hecho real se lleva a cabo en un sitio cercano a Tula, posiblemente la ciudad que tenía sujetos a los mexicas y que guarda la imagen del lugar de origen y el de llegada. En tercer lugar, el mito se refiere al nacimiento de Huitzilopochtli, dios de la guerra, que nace para combatir al enemigo. Con esto se consigue dar la imagen de que el mexica, al igual que su dios, nació para el combate; se trata de hacer ver el destino guerrero del hombre azteca, tan necesario para una economía que en buena parte depende del tributo que se obtiene por imposición militar. En cuarto lugar, conforme a la interpretación de Seler, Huitzilopochtli tiene una connotación solar, en tanto que Coyolxauhqui es lunar y los centzohuitznahuas, los 400 surianos, representan las estrellas. De ello se deriva el triunfo diario del Sol sobre los pode-

Lámina 5. Coyolxauhqui, deidad lunar, encontrada al pie del Templo Mayor de Tenochtitlan (*circa* 1470 d.C.).

res nocturnos gracias al empleo del arma de Huitzilopochtli, la Xiuhcóatl, "Serpiente de Fuego", que no es otra cosa que el rayo matutino que disipa las tinieblas de la noche. Creo que esta interpretación es correcta y atiende una serie de aspectos acordes con el pensamiento mesoamericano en general y mexica en particular.

Ahora bien, una vez creado el mito, éste debe perdurar y estar presente dentro de la sociedad en que ocurrió tan importante acontecimiento. Surge el rito como medio para preservar lo ocurrido *in illo tempore*. Era en la fiesta de Panquetzaliztli, hacia el mes de diciembre en que el sol declina más hacia el sur, cuando se celebraba esta festividad en honor de Huitzilopochtli coincidiendo con el solsticio de invierno. Todos los elementos presentes en el mito cobraban realidad y se representaban en el Templo Mayor de Tenochtitlan y en la ciudad misma. El relato se convertía en "mito vivo" y el Templo Mayor jugaba el papel del Coatepec. De ahí que la escultura de Coyolxauhqui, desmembrada y decapitada, se encontraba al pie del cerro-templo y en la parte alta estaba el adoratorio del dios Huitzilopochtli, triunfante. La fiesta de Panquetzaliztli terminaba con el sacrificio de esclavos y cautivos de guerra, que en ringlera subían al Templo Mayor para ser sacrificados en la parte alta y su cuerpo era arrojado por las escalinatas para venir a caer sobre la escultura de la diosa vencida en combate. Es decir, por medio del sacrificio de los cautivos se reproducía lo mismo que el dios solar y de la guerra había hecho con su hermana en el cerro de Coatepec.

Después de estos acontecimientos los mexicas continúan su andar. A partir de Tula es relativamente fácil reconstruir la ruta por donde pasan y se asientan por algún tiempo: Atitalaquia, Tlamaco, Atotoniltonco, Apaxco, Tequixquiac, Zumpango, Xaltocan, Ecatepec, Tulpetlac, Tecpayocan, Tepeyac, Pantitlán, Tenayuca, Azcapotzalco, Popotla, Acolnáuac y pasan por otros lugares antes de asentarse por alrededor de 20 o 40 años en Chapultepec. Allí enfrentan dificultades con otros pueblos que desembocan finalmente en el abandono del "Cerro del Chapulín" y es el momento en que ocurre el enfrentamiento con enemigos entre los que se encuentra Cópil, sobrino de Huitzilopochtli, quien es vencido y su corazón arrojado entre las espadañas del lago, lo que posteriormente será fundamental para la ubicación de los signos anunciados por su dios. Los mexicas emprenden nuevamente su marcha por distintos lugares hasta que llegan al sitio donde habrán de fundar la ciudad de Tenochtitlan.

III. Fundación de Tenochtitlan

El 13 de abril de 1325, año que varias crónicas señalan como el de la fundación de la ciudad de Tenochtitlan, ocurrió un eclipse total de Sol. El fenómeno comenzó a las 10:54 de la mañana y tuvo una duración de 4 minutos y 6 segundos conforme a los cálculos de astronomía moderna hechos por Jesús Galindo. Un fenómeno de esta naturaleza debió de tener un impacto enorme en una sociedad que, como la mexica, estaba pendiente de los movimientos celestes y bien sabemos que los eclipses, especialmente uno de esta magnitud, eran considerados como la lucha entre el Sol y la Luna de la que, finalmente, el primero salía triunfante. No sería de extrañar, por lo tanto, que este acontecimiento diera pie para que el año de 1325 aparezca como el de la fundación de la ciudad haciendo los ajustes necesarios para que así quedara asentado en sus códices y relatos, pues hay indicios de que la ciudad se estableció algunos años antes. Entre las crónicas que señalan el año 2-*Calli* (1325) como el de la fundación de Tenochtitlan tenemos la *Crónica Mexicáyotl*, de Alvarado Tezozómoc; la de Chimalpahin; la *Leyenda de los Soles;* los *Anales de Tlatelolco* y el *Códice mexicanus*. El año 1324 lo vemos mencionado por Mendieta en el *Códice Mendoza*. Otras fechas indican que fue antes, en 1318, como es el caso de Durán, o después, como en el *Códice Azcatitlan* (1377), el *Códice Vaticano A* (1369) o el *Códice Aubin* (1364).

Hacer coincidir los comienzos de Tenochtitlan con un fenómeno que representa un combate entre el Sol (Huitzilopochtli) y la Luna (Coyolxauhqui) implica una legitimación de gran importancia para el pueblo mexica. Coinciden algunos autores[3] en que el símbolo del águila, con toda su connotación solar, parada sobre el tu-

---

[3] Véase Yolotl González, "El dios Huitzilopochtli en la peregrinación mexica", en *Anales del INAH*, tomo XIX, México, 1968 y Christian Duverger, *El origen de los aztecas,* Grijalbo, México, 1987.

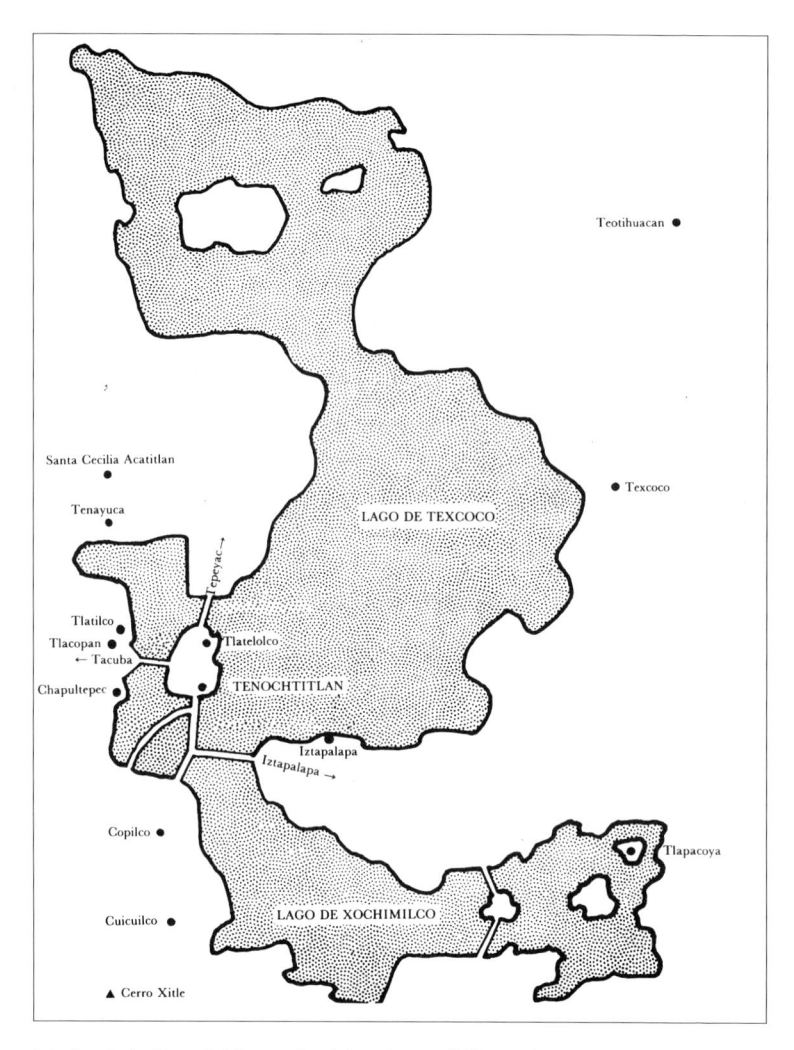

Lámina 5-A. Tenochtitlan y Tlatelolco dentro del lago de Texcoco y sus aliados de Tacuba y Texcoco.

nal devorando pájaros o serpientes, simboliza el triunfo del dios solar sobre sus enemigos.

Pero vayamos por partes. Comenzaremos con los relatos que señalan cómo fue que se encontró el lugar que su dios les tenía deparado. Aquí, una vez más, vuelven a entreverarse la realidad y el mito. Empecemos con éste último para después pasar a ver lo que nos indica el dato histórico.

El mito de la fundación de Tenochtitlan

Tanto Durán como Alvarado Tezozómoc nos relatan lo concerniente a los momentos previos a la localización del lugar destinado para ser sede definitiva de los mexicas. Ambos cronistas coinciden en que llegan en medio de los tunares y carrizales del lago y se internan en busca del lugar elegido. Veamos cómo nos dice Durán lo que ocurre durante la búsqueda de las señales que Huitzilopochtli les ha indicado:

> Lo primero que hallaron fue una sabina, blanca toda, muy hermosa, al pie de la cual salía aquella fuente. Lo segundo que vieron, fueron que todos los sauces que aquella fuente alrededor tenía, eran blancos, sin tener una sola hoja verde: todas las cañas de aquel sitio eran blancas y todas las espadañas de alrededor. Empezaron a salir del agua ranas todas blancas y pescado todo blanco, y entre ellos algunas culebras del agua, blancas y vistosas. Salía esta agua de entre dos peñas grandes, la cual salía tan clara y linda que daba sumo contento. Los sacerdotes y viejos, acordándose de lo que su dios les había dicho, empezaron a llorar de gozo y alegría, y a hacer grandes extremos de placer y alegría, diciendo: "Ya hemos hallado el lugar que nos ha sido prometido [...]"

Por su parte, Alvarado Tezozómoc señala en su *Crónica Mexicáyotl*, escrita a finales del siglo XVI y principios del XVII, sobre esto mismo que "[...] Inmediatamente vieron el ahuehuete, el sauce blanco que se alza allí, y la caña y el junco blanco, y la rana y el pez blancos, y la culebra blanca del agua [...]".

Después de esto se van a reposar y Huitzilopochtli se aparece en sueños a uno de sus servidores y le dice que aún falta por ver más cosas, recordándole cómo su sobrino Cópil, que les había dado guerra cuando estaban en Chapultepec, había sido vencido y su corazón arrancado y arrojado en medio del lago. Que el corazón había caído sobre una roca y de ella había crecido un tunal que era asiento y nido de un águila que devoraba pájaros. ¡Éste era el lugar señalado! Al día siguiente continúan la búsqueda del águila, lo que Durán relata de la manera siguiente:

> [...] andando de una parte en otra devisaron el tunal, y encima de él el águila con las alas extendidas hacia los rayos del sol, tomando el calor de él y el frescor de la mañana, y en las uñas tenía un pájaro muy galano de plumas muy preciadas y resplandecientes. Ellos, como la vieron, humilláronsele casi haciéndole reverencia como a cosa divina. El águila, como los vido, se les humilló bajando la cabeza a todas partes donde ellos estaban. Ellos viendo humillar al águila y que ya habían visto lo que deseaban, empezaron a llorar y a hacer grandes extremos y ceremonias y visajes y meneos en señal de alegría [...]

Alvarado Tezozómoc lo relata así:

> Pues ahí estará nuestro poblado, México Tenochtitlan, el lugar en que grita el águila, se despliega y come, el lugar en que nada el pez, el lugar en el que es desgarrada la serpiente, México Tenochtitlan, y acaecerán muchas cosas [...]

Analicemos lo que llevamos visto del relato. En primer lugar, hay que destacar cómo el mexica divide el acontecimiento con toda claridad en dos días. En el primero encuentran las plantas y animales blancos, lo que sabemos presente en Cholula conforme a la *Historia tolteca-chichimeca,* cuando los toltecas llegan con los chichimecas al lugar. Con esto el mexica hace suyos los símbolos toltecas relacionados con la blancura. Queda así legitimado el sitio donde esto ocurre. Al siguiente día verán sus propios símbolos, los símbolos mexicas, relacionados con Huitzilopochtli representados en el águila (el Sol) venciendo al enemigo (pájaros o serpiente), en el lugar en donde cayó el corazón del sacrificado y vencido Cópil. De esta manera queda legitimado el lugar en donde habrán de fundar su ciudad. El mito así lo ha expresado.

Ahora bien, veamos qué es lo que sabemos históricamente acerca del lugar en donde se establecen. El mismo Durán nos relata la versión que debió de ser el hecho real, histórico, de lo allí ocurrido. Resulta que el mexica se ha internado en terrenos que pertenecen al señorío de los tepanecas de Azcapotzalco. Éstos, bajo el mando de Tezozómoc, han conquistado muchos sitios y construido varias ciudades que conforman su imperio. Con la llegada de los mexicas ven la oportunidad de brindarles protección a cambio de dejarlos asen-

Lámina 6. El Templo Mayor de Tenochtitlan. Encima deja a Huitzilopochtli sobre Cópil, del que nace el nopal.

tar en sus terrenos dentro del lago de Texcoco, siempre y cuando les sirvan como tributarios. De esta manera quedan sujetos al señorío de Azcapotzalco.

Contamos con diversas representaciones pictóricas que se refieren al momento en que se encuentra el símbolo fundacional. En el *Códice Durán* hay por lo menos dos láminas en las que se aprecia este momento con las señales referidas. En una de ellas (lámina 13) hay varios personajes que rodean el tunal con el águila que sostiene en el pico a una serpiente. En la otra (lámina 32) el ave tiene un pájaro y dos personas están sentadas a cada lado del símbolo, una de las cuales puede identificarse como Tenoch, por el glifo que lo acompaña. En el *Códice Aubin* se observa el tunal en un medio lacustre y sobre él el águila con una serpiente en el pico. Hay chozas alrededor que indican la pobreza que acompaña a los mexicas al momento de la fundación. Otra ilustración es la del *Códice Vaticano Ríos*, en que se aprecia a un individuo sentado en su *icpalli* o sitial, frente al nopal que nace de una piedra. En este caso, no se ve al ave encima de él.

Planificación de la ciudad

Ocupado el lugar, los mexicas reciben las órdenes de su dios para que se empiece la construcción de su ciudad. Lo primero que hacen, según las fuentes históricas, es construir el templo a su dios Huitzilopochtli de manera sencilla en el sitio del tunal. A través de este acto podemos observar cómo aprovechan los materiales que están a su alcance en el lago para iniciar la construcción. Volvamos nuevamente a las palabras del dominico fray Diego Durán:

> "[…] hagamos en aquel lugar del tunal una ermita pequeña donde descanse ahora nuestro dios: ya que no sea de piedra sea de céspedes y tapias, pues de presente no se puede hacer otra cosa". Luego todos con grandísima voluntad se fueron al lugar del tunal, y cortando gruesos céspedes de aquellos carrizales junto al mismo tunal, hicieron un asiento cuadrado, el cual había de servir de cimiento o asiento de la ermita

para el descanso de su dios; y así hicieron encima de él una pobre y chica casa, a manera de un humilladero, cubierto de paja de aquella que cogían de la misma agua, porque de presente no podían más; pues estaban y edificaban en sitio ajeno, que aún el suelo no era suyo, pues era sitio y término de los de Azcapotzalco y de los de Texcoco […]

Acto seguido dividen el lugar en cuatro partes o cuadrantes. Relata Durán cómo Huitzilopochtli instruye la manera en que deberá dividirse la ciudad:

"[…] di a la congregación mexicana que se dividan los señores cada uno con sus parientes, amigos y allegados en cuatro barrios principales, tomando en medio la casa que para mi descanso habéis edificado; y que cada parcialidad edifique en su barrio a su voluntad" […] Después de divididos los mexicanos en estos cuatro lugares, mandoles su dios que repartiesen entre sí los dioses y que cada barrio nombrase y señalase barrios particulares donde aquellos dioses fuesen reverenciados; y así cada barrio de éstos se dividió en muchos barrios pequeños conforme al número de los ídolos que ellos llaman Calpulteona, que quiere decir dios del barrio.

En la *Crónica Mexicáyotl* de Alvarado Tezozómoc vemos este suceso relatado así: "Nuevamente, por la noche, ordenó Huitzilopochtli; habló y dijo: '¡Oye oh Cuautlequetzqui: Asentaos, repartios, fundad señoríos por los cuatro ámbitos de la tierra' y de inmediato le obedecieron los mexicanos y se establecieron en los cuatro ámbitos de la tierra".

Con lo anterior queda dividida la ciudad en dos espacios: el sagrado y el profano. El primero será ocupado por la plaza principal de la ciudad y los templos a sus dioses, siendo el más alto e importante el Templo Mayor, dedicado a Huitzilopochtli con la incorporación de Tláloc. Es el lugar de habitación de los dioses. Fuera de este espacio se va a construir el espacio de habitación de los nobles y del pueblo en general dividido en barrios o calpullis. Los cuatro barrios iniciales son el de Moyotlan, Teopan, Atzacualco y Cuepopan.

Lámina 7. Fundación de Tenochtitlan, dividida en cuatro cuadrantes (lámina 1 *Códice mendocino*).

A su vez, cuatro grandes calzadas van a salir desde el espacio sagrado, del recinto o gran plaza ceremonial de Tenochtitlan, orientadas hacia los rumbos del universo: la del Tepeyac, al norte; la de Iztapalapa, al sur; la de Tacuba al poniente y se habla de otra de menores dimensiones hacia el oriente. Con esta distribución la ciudad es una imagen del cosmos, de la estructura universal. La historia de las religiones nos permite ver cómo en muchas ciudades de la antigüedad el patrón anterior está presente. Sobre el particular, Mircea Eliade, en su *Tratado de historia de las religiones,* escribe:

> La fundación de una nueva ciudad repite la creación del mundo; en efecto, una vez que el lugar ha sido validado ritualmente, se eleva una cerca en forma de círculo o de cuadrado interrumpida por cuatro puer-

tas que corresponden a los cuatro puntos cardinales […] las ciudades, a semejanza del cosmos, están divididas en cuatro; dicho de otra manera, son una copia del universo.

Algunas pictografías del siglo XVI muestran la división de la ciudad con los símbolos fundacionales. Es el caso de la lámina 1 del *Códice mendocino* donde vemos en medio el águila parada sobre el tunal que a su vez nace de una piedra. El ave no tiene nada en el pico. Debajo de este símbolo se ve un *chimalli* o escudo con siete plumones que simbolizan los siete barrios que parten desde Aztlan y que conforman el grupo mexica. Corrientes o canales de agua dividen el asentamiento en cuatro partes recordándonos el ambiente lacustre en que está asentada la ciudad y los barrios principales que la forman. Otras representaciones pictóricas de Tenochtitlan las vemos en el plano que manda hacer Cortés y que se publica en Nuremberg en 1524 y en el de Uppsala de 1556. En ambos se aprecian los espacios sagrado y profano. A ellos acudiremos en su momento.

La arqueología ha proporcionado un monumento en piedra que muestra el símbolo de la ciudad de Tenochtitlan. Me refiero al "Teocalli de la Guerra Sagrada" encontrado en una esquina de Palacio Nacional. La escultura representa un templo con su escalinata y alfardas al frente y en la parte alta una piedra solar a cuyos lados se ve a Moctezuma y Huitzilopochtli. En la parte posterior tenemos la figura del águila parada sobre el tunal y debajo de él se ve un rostro que mira hacia arriba. Lo que resulta interesante de este monumento es que del pico del ave sale el símbolo de la guerra, el *atl-tlachinolli*, o sea la corriente de agua y la de fuego. Cabe mencionar que la escultura corresponde al momento de esplendor azteca, posiblemente alrededor del año 1500 d.C.

Antes de continuar con nuestro relato haremos una breve reflexión en cuanto al nombre de la ciudad: México-Tenochtitlan. El primer vocablo se ha prestado a discusión y se interpreta como el lugar de Mexi, quien venía en la peregrinación; otros lo traducen como "el ombligo de la Luna". En cuanto a Tenochtitlan, se dice que es el lugar de Tenoch, otro sacerdote que encabeza al grupo, además de referirse por su nombre mismo como el lugar del tunal. En cualquiera de los casos, se hace referencia al lugar del asentamiento, del nopal con tunas a manera de corazones.

Los primeros años de la ciudad: de la fundación a la liberación

Después de permanecer asentados por algunos años, un grupo no está conforme y se separa para trasladarse un poco más al norte, sobre unos islotes conocidos como Xaltilolco, o "montículo de arena". Allí fundan, en el año 1337, una ciudad gemela de Tenochtitlan a la que llaman Tlatelolco. A partir de ese momento va a darse una rivalidad entre ambas ciudades. Tenochtitlan destaca como sede de los poderes políticos y religiosos en tanto que Tlatelolco lo será del comercio. Podemos hablar de mexicas tenochcas para los que son de Tenochtitlan, y de mexicas tlatelolcas para quienes se establecen en la nueva ciudad.

Hacia 1363 o 1368 muere el sacerdote Tenoch, que había venido encabezando al grupo en sus andanzas. De inmediato los mexicas tenochcas se aprestan a nombrar a un nuevo dirigente, y acuden al señor de Culhuacan, Nauhyotl, para que les nombre a quien deberá convertirse en el primer tlatoani de Tenochtitlan. El cargo recae en Acamapichtli, quien gobernará entre 1373 y 1395 d.C., aunque existe discrepancia acerca de las fechas. Lo primero que le recuerdan los mexicas a su nuevo soberano es que están sujetos a Azcapotzalco. En palabras de Durán:

> Bien sabéis que no estamos en nuestra tierra, sino en tierra ajena, y no sabemos lo que será de nosotros mañana o esotro día: mira que no venís a descansar ni a recrearos, sino a tomar nuevo trabajo y carga muy pesada, a trabajar y ser esclavo de toda esta multitud y de toda la gente de la comarca, a quien habéis de trabajar de tener muy gratos y contentos, pues sabéis vivimos en sus tierras y términos [...]

FUNDACIÓN DE TENOCHTITLAN 51

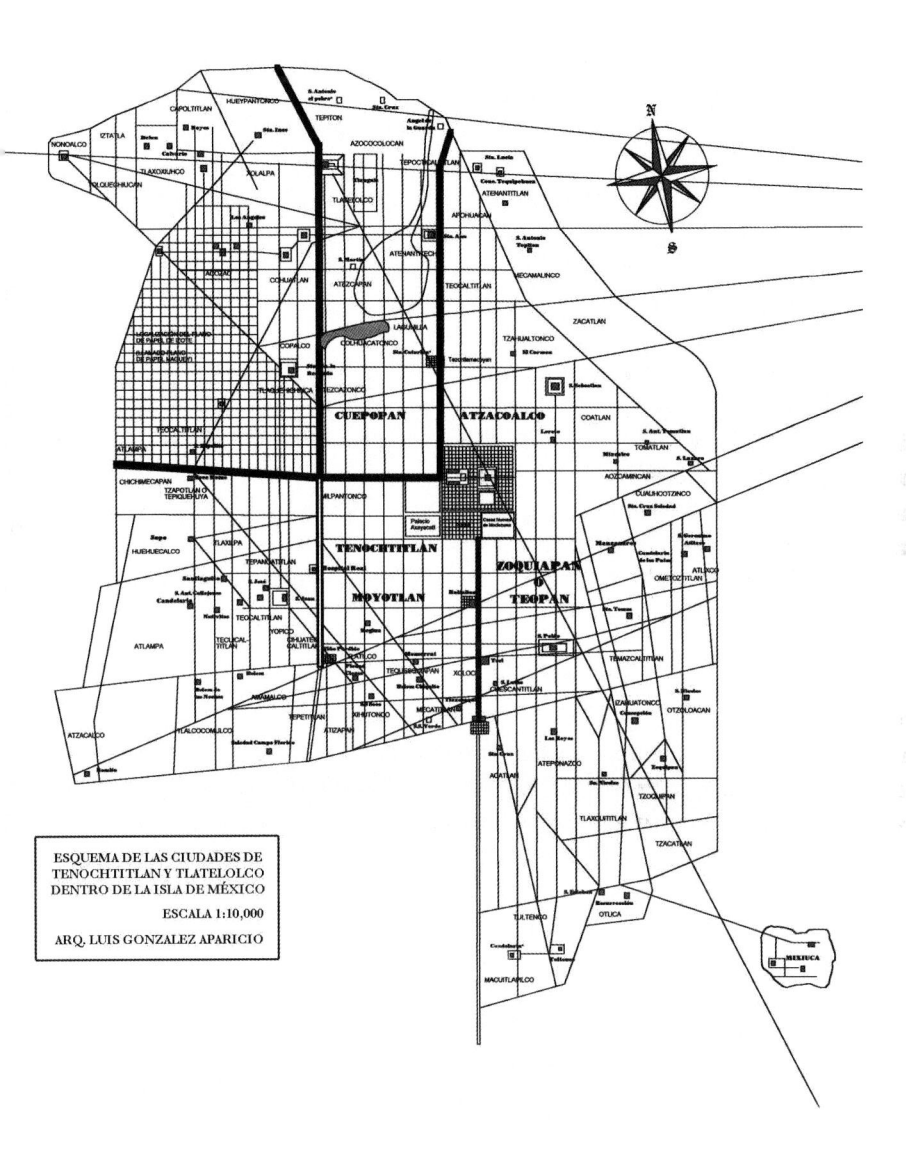

Lámina 5-B. Las ciudades de Tenochtitlan y Tlatelolco según el arquitecto González Aparicio.

El nombramiento del nuevo tlatoani va a traer peores dificultades a los mexicas. En efecto, los de Azcapotzalco aprovechan la ocasión y de inmediato mandan se les doble el tributo que deben pagar. Relato de esto nos ha dejado fray Diego Durán:

> Enviaron sus mensajeros a México para que dijesen al nuevo rey, de parte del rey Tezozómoc de Azcapotzalco, que el tributo que daban era muy poco; que él lo quería acrecentar, y que él había menester reparar y hermosear su ciudad: que juntamente con el tributo que solían llevar de pescado y ranas y legumbres, que ahora llevasen sabinas y sauces, ya crecidos, para plantar en su pueblo, y que hiciesen una balsa encima del agua, y que plantasen en ella de todas las legumbres de la tierra, maíz, chile, frijoles, calabazas, bledos, etc. [...].

No contento el tepaneca con esta imposición ordena que, además de todo esto, en la balsa debe haber un pato y una garza empollando sus huevos de los que deberán nacer los polluelos en cuanto lleguen a Azcapotzalco. Lo anterior nos está indicando que el tepaneca trata por todos los medios de hacer ver al nuevo gobernante que es su tributario.

Acamapichtli fue un buen gobernante y la ciudad fue tomando, bajo su mandato, su propia fisonomía, con sus calles y los canales de agua que la atravesaban. Es muy probable que en estos primeros años tanto la ciudad como el recinto ceremonial fueran de menores dimensiones que las que alcanzaría años más tarde una vez que lograran sacudirse el yugo tepaneca. Su muerte fue muy sentida y se le hicieron ceremonias, como correspondía a su alta investidura, aunque con sencillez y pobreza, pues como dice Durán: "[...] porque en aquel tiempo carecieron de todo aquello, por estar pobres y arrinconados y muy caídos; y así el rey en aquel tiempo no tenía apenas que comer".

Muerto el primer tlatoani, le sucedió en el trono su hijo Huitzilíhuitl, hacia 1391 o 1395 d.C., nombrado por los principales de los cuatro barrios mayores. El ritual que se seguía en estos casos era llevar al elegido al lugar de la realeza y colocarle la diadema real sobre la cabeza, untándole todo el cuerpo con betún, mezcla de resina y alquitrán. Se le colocaban los mantos reales y se le recordaba lo mucho que tenía que trabajar además del recordatorio obligado de que eran sujetos de Azcapotzalco. Para este momento, dos cosas tenían prioridad para los mexicas: tener siempre presente que eran sujetos de Azcapotzalco y ser cada vez más fuertes para liberarse de tal sometimiento, además de hacer crecer el templo de su dios Huitzilopochtli.

Para aminorar el terrible tributo y viendo que no fuera a aumentarse como había ocurrido con el tlatoani anterior, se les ocurrió a los mexicas solicitar a Tezozómoc que concediera una hija para el joven gobernante, a lo que accedió el tepaneca. De aquel matrimonio nació Chimalpopoca, "Escudo Humeante", por lo que el poderoso abuelo puso a consideración de su consejo el reducir el tributo, a lo que hubo una fuerte oposición, pues lo que entregaba el mexica periódicamente a Azcapotzalco era necesario para su economía. Lo único que se pudo lograr fue aminorar un poco el tributo que tenían que pagar.

Hacia 1415 o 1418 d.C., muere Huitzilíhuitl, nombrándose en su lugar a Chimalpopoca, aún niño. Su gobierno se extenderá de 1418 a 1427 d.C., y es durante su reinado que los mexicas construyen el acueducto con estacas de madera y barro para traer agua dulce de Chapultepec a Tenochtitlan, lo que significaba una verdadera obra de ingeniería. Sin embargo, los embates del agua del lago hacen que se rompa, dados los materiales con que está hecho y esto los lleva a solicitar a Tezozómoc que les permita construirlo de piedra y cal. Sometida la petición al consejo tepaneca, es denegada, pues se argumenta que lo que quiere el mexica es hacerse cada vez más fuerte. A tal grado llega la animadversión de los de Azcapotzalco en contra de los mexicas que Maxtla, hijo de Tezozómoc, quien gobierna la ciudad de Coyoacan, urde la muerte de Chimalpopoca, lo que ocurre hacia 1427. También muere, muy anciano, Tezozómoc, con lo cual accede al trono su hijo Maxtla y la suerte de los mexicas se vuelve cada vez más angustiante. Éstos eligen como tlatoani a Itzcóatl, "Serpiente de Obsidiana", quien tenía gran experiencia militar. A partir de este momento van a ir en aumento las controversias entre unos y otros.

Es importante decir que los mexicas habían ido adquiriendo una enorme experiencia militar, pues la habían practicado en sus contiendas pasadas, y con mayor ímpetu como mercenarios de los tepanecas. En efecto, parece que ayudaron a la expansión de Azcapotzalco cuando éste emprendió acciones guerreras en contra de Xochimilco, Chalco, Cuitlahuac y Mixquic, tal como aparece en el *Códice mendocino*, aunque allí se les atribuye a los mexicas. Más tarde, los tepanecas conquistaron todo el occidente del Valle de México así como el Valle de Toluca, Xillotepec, el Valle del Mezquital y Teotlalpan. Como se ve, el imperio tepaneca se constituyó en uno de los señoríos más poderosos del centro de México.

Las desavenencias entre azcapotzalcas y mexicas llegan a su punto máximo. Se rompe todo contacto y, llegado el momento, el jefe militar mexica *(tlacochcalcatl)* Moctezuma, que más tarde regirá los destinos de Tenochtitlan, acude en varias ocasiones a Azcapotzalco para negociar lo relativo a la guerra. Finalmente, la declaración de guerra se hace con la ceremonia que se acostumbraba: Moctezuma —o Tlacaélel, según otras versiones— unge el cuerpo de Maxtla, le entrega una rodela y un dardo, y le emplumа la cabeza. Con esto se abren las hostilidades.

El ejército mexica cuenta con el apoyo de los de Tlatelolco, por entonces gobernado por Cuautlaloatzin, y con las fuerzas de Netzahualcóyotl de Texcoco. Dividen sus escuadrones y mientras Netzahualcóyotl está en el cerro de Cuautepec, desde donde prende fuego como señal de dar comienzo al ataque, las tropas de Itzcóatl y los tlatelolcas se lanzan por la calzada de Azcapotzalco en tanto que el general Moctezuma acomete con las suyas por Tlacopan. Los combates arrecian en todos los frentes y las fuerzas de Itzcóatl y Cuautlaloatzin toman el foso fortificado de Petlatlalco, que es recuperado poco después por los tepanecas. Esto ocasiona que muchos soldados mexicas huyan ante el embate enemigo y pidan clemencia. Así lo relata Mariano Veytia:

> ¿Hemos de perecer aquí todos? ¿Por ventura, por sufrir la cólera, y orgullo de Itzcoahuatl, Netzahualcoyotl, y Moctezuma, hemos de morir mala

muerte, a manos de nuestros enemigos? Mejor es que, confesando nuestra rebeldía, nos demos, y entreguemos, y pidamos merced de nuestras vidas.

La ira se deja sentir en los dirigentes mexicas, quienes tratan de animar a sus soldados. En ese momento llegan del sur las tropas de Moctezuma y las de Netzahualcóyotl por el este, además de las de Tlanepantla. Atacan con gran ímpetu al enemigo, con lo que se logra recuperar para los mexicas y sus aliados el foso y hacen retroceder a los tepanecas hasta otro foso fortificado, el de Matzazintamalco, que rodeaba a la ciudad de Azcapotzalco protegiéndola como un gran muro. En este momento llegan refuerzos de Tlaxcala solicitados por Netzahualcóyotl, con lo que crece el número de efectivos de las fuerzas mexicas y texcocanas. Al día siguiente se prepara el plan de batalla: los dos soberanos mexicas, Itzcóatl de Tenochtitlan y Cuauhtlaloatzin de Tlatelolco, ocupan el oriente de Azcapotzalco teniendo atrás como resguardo la fortificación de Petlatlalco; el lado sur está al mando de Moctezuma y Cuautépetl, jefe huejotzinga, teniendo como retaguardia a Tacuba; a Netzahualcóyotl le corresponde ocupar el poniente, lugar sumamente peligroso, ya que no tenía protección alguna. Una fuerza más se ubica hacia el norte con el apoyo de Tlanepantla. De esta manera queda sitiada por todos lados la capital tepaneca, y el sitio durará 114 días. Los combates van debilitando cada vez más al ejército de Maxtla y su general Mazatl, pues no pueden recibir refuerzos por ningún lado. Este último decide hacer un plan para romper el cerco y manda llamar fuerzas tepanecas que están fuera del cerco para que ataquen por el lugar donde se encuentra Netzahuacóyotl, a la vez que ellos tratan de hacer lo mismo desde dentro. El plan se lleva a cabo. Para Anne Chapman, quien ha estudiado con detalle estos acontecimientos, éste será el combate decisivo: "Comienza la batalla decisiva de la guerra. Aquí se decidirá quién ejercerá, para el futuro, la hegemonía de la Altiplanicie: el pueblo de Tenochtitlan y el antiguo reino de Acolman-Texcoco o el reino de Azcapotzalco".

Si bien los combates debieron de ser encarnizados, finalmente los mexicas y sus aliados logran imponerse y causan enormes pérdidas a las fuerzas de Maxtla. Éste se escapa y huye a la ciudad de Coyoacan, que antes de asumir el trono fuera gobernada por él. Fray Diego Durán nos ha dejado relato de lo acontecido en los momentos finales del combate:

> Los mexicanos, siguiendo su victoria como perros encarnizados, llenos de furor y ira los siguieron hasta meterlos en los montes, donde los azcapotzalcas, postrados por tierra, rindieron las armas prometiéndoles tierras y de hacerles y labrarles casas y sementeras y de ser sus perpetuos tributarios; de darles piedra, cal y madera y todo lo que para su sustento hubiese menester de maíz, frijoles, chía y chile y de todas las legumbres y semillas que ellos comen.

Caída la metrópoli tepaneca, las otras ciudades cederán poco a poco ante el ataque aliado y poco después se funda la llamada Triple Alianza entre Tenochtitlan, Texcoco y Tacuba. Pero veamos cuáles fueron las funestas consecuencias para los vencidos tepanecas. Por un lado, sufrieron el saqueo de su ciudad además del sometimiento político y económico. Del primero, lo más grave fue que al quedar sometidos a Tenochtitlan no podían ya elegir a su propio gobernante sino que tenían que reconocer al tlatoani mexica. En cuanto a lo económico, se les impuso un tributo en materiales de construcción (madera, piedra y cal) y el deber de reconstruir sus casas; además de entregar cargas de maíz, frijol, calabaza, especias, chile y tomate. Tenían que facilitar a sus hermanas e hijas para el servicio doméstico, además de tener que labrar sus tierras en beneficio de Tenochtitlan ya que fueron repartidas entre los vencedores. A esto hay que agregar, como lo refiere Anne Chapman, los servicios que tendrían que prestar en las guerras de expansión mexica de cargar armas y bastimentos del ejército vencedor.

Alto fue el costo que tuvieron que pagar los otrora poderosos y temidos tepanecas. A partir de este momento se consolida el poder mexica y de sus aliados dando comienzo la expansión que llevaría a la conquista de alrededor de 370 pueblos que, sujetos a Tenochtitlan y a sus aliados, tendrán que rendir tributo y servicios al Pueblo del Sol.

IV. La ciudad: su espacio sagrado

L<small>OGRADA LA LIBERACIÓN DEL YUGO TEPANECA</small>, Tenochtitlan va a comenzar un desarrollo acelerado que la llevará a convertirse en la principal ciudad del Valle de México. Itzcóatl, quien gobierna Tenochtitlan entre 1427 y 1440 d.C., había logrado junto con sus capitanes y aliados la victoria que los convertía de tributarios en señores; fortalece todo el aparato estatal y otorga cargos civiles y militares a los súbditos que habían destacado de manera relevante en la guerra. Al consolidar su expansión sobre la ciudad tepaneca de Coyoacan y también sobre Xochimilco y otras, logra una hegemonía que se va a manifestar en las conquistas de alrededor de 24 pueblos, entre los que se cuentan los ya mencionados y otros como Cuihtláhuac y Cuauhnáhuac (Cuernavaca). La conquista de esta última abre las puertas hacia el sur, que pronto será presa de las huestes mexicas. Con todo esto se logra un tributo nada despreciable para Tenochtitlan, tanto en productos como en mano de obra, lo que habrá de reflejarse en el inicio de obras internas en la ciudad, con lo cual ésta empieza a tomar su propia fisonomía. Entre las obras se encuentra el agrandamiento del Templo Mayor, motivo que, por cierto, había provocado la guerra en contra de los xochimilcas, pues éstos se negaron a contribuir con materiales para la construcción del edificio. También pienso que no fue únicamente ésa la razón. Xochimilco tenía una enorme producción agrícola gracias al sistema de chinampas empleado en la parte sur del lago que la convertía en una región codiciada desde el punto de vista económico. Quizá esto también fue motivo para la construcción de la calzada de Iztapalapa, que unía a Tenochtitlan con la rivera sur del lago. Nos dice Durán cómo fue esta construcción y los materiales que emplearon en ella:

> Luego que los de Xochimilco fueron vencidos y ellos sujetos a la corona real de México[...] fuéles mandado hiciesen aquella ancha calzada que va de la ciudad de México a la ciudad de Xochimilco, para lo cual rogaron a los de Coyoacan les ayudasen a hacer, al menos lo que tocaba a sus pertenencias, los cuales sin más réplica los concedieron la ayuda y así lo hicieron [...] El modo de hacerla fue sobre mucha cantidad de estacas, piedra y tierra sacada de la misma laguna como céspedes: hecha esta ancha calzada, no tardando en ello muchos días por la innumerable gente que en ella andaba [...]

Una acción que emprende el tlatoani es la de borrar la historia anterior del pueblo mexica para dar una imagen más apropiada ante los ojos de sus vecinos y contemporáneos. Nace una nueva historia en la que puede constatarse la relación directa de los mexicas con los dioses. Quizá es en este momento cuando se crea el mito del águila parada sobre el nopal como símbolo de los designios de su dios Huitzilopochtli: para tratar de hacer a un lado el sometimiento ignominioso a que estuvieron sujetos bajo los tepanecas y aun antes. Nace así una nueva idea del mexica que estará presente en su ciudad como imagen del cosmos: Tenochtitlan y su Templo Mayor se convierten en el centro del universo.

El espacio sagrado o habitación de los dioses

La fundación de una ciudad por lo general va acompañada de una serie de simbolismos que resultan indispensables para consolidar, desde sus inicios, que esté legitimada su presencia en la tierra. De esta manera la nueva ciudad va a tener una distribución y características que la convierten en *axis mundi* o centro del universo además de ser una imagen del cosmos. En páginas anteriores ya habíamos señalado cómo estudiosos de las religiones plantean que la ciudad así planificada se divide en cuatro partes y está constituida por un espacio sagrado y otro profano. El primero de ellos corresponde al centro del universo, al centro fundamental que reviste la mayor sacralidad. Está formado por una enorme plaza que llegó a tener cerca de 400 metros por lado,[4] delimitada por sus cuatro lados por una ancha plataforma en la que se alternaban tramos de escalera con muros viendo hacia el interior de la plaza y en cuya parte superior se encontraba una serie de altares. Esta plataforma sólo se interrumpía por las puertas que comunicaban con las grandes calzadas que de allí partían hacia los cuatro rumbos cardinales. Una parte de esta plataforma se encontró en las excavaciones del Templo Mayor, justo detrás de este edificio. Sahagún describe de esta manera el enorme patio o espacio sagrado en cuyo interior había hasta 78 edificios, entre ellos el Templo Mayor:

> Era el patio de este templo muy grande; tendría hasta doscientas brazas en cuadro. Era todo enlosado [y] tenía dentro de sí muchos edificios y muchas torres; de estas torres unas eran más altas que otras, y cada una de ellas era dedicada a un dios.

Tiene razón el franciscano cuando dice que estaba totalmente enlosado. En efecto, las excavaciones del Templo Mayor permitieron conocer partes de este piso formado por grandes losas de piedra y, según la etapa constructiva de que se trate, las piedras pueden ser de menores o mayores dimensiones. Las piedras estaban unidas entre sí con estuco, mezcla de cal y arena que en ocasiones podía tener una dureza considerable. Dado el tamaño de la plaza, hay que imaginar la gran cantidad de trabajadores que intervendrían en su construcción, ya sea tallando las piedras para el piso o rellenando con tierra pisos anteriores para a su vez construir encima uno nuevo; preparando el estuco... en fin, eran obras comunales en las que se usaba, en buena medida, la mano de obra tributaria.

Este muro delimitador del espacio sagrado lo hemos estudiado

---

[4] Véase Elizabeth Boone, "Templo Mayor research", en *The Aztec Templo Mayor*. Véase también Matos Moctezuma, "El programa de arqueología urbana", en *Excavaciones en la Catedral y sagrario metropolitanos*, INAH, pp. 9-14, México, 1999.

tanto en Teotihuacan como en la ciudad de Tlatelolco. En el primer caso lo vemos presente alrededor de la Pirámide del Sol, construida alrededor del año 150 d.C., rodeando por sus cuatro partes el monumento. La plataforma tiene cerca de 35 metros de ancho con algunas edificaciones en su parte superior. Cuando el centro de la ciudad —y por ende del universo teotihuacano— pasó más al sur a la plaza de la Ciudadela, hacia el año 250 d.C., vemos cómo la gran plaza está rodeada por sus cuatro lados por una enorme plataforma con adoratorios en su parte alta y sólo se puede entrar a ella por una escalera localizada del lado poniente que da hacia la Calle de los Muertos. En su interior se encontraba un pequeño adoratorio en el centro de la plaza y el Templo de Quetzalcóatl o de la Serpiente Emplumada, con conjuntos habitacionales al norte y sur de este importante edificio. En el caso de Tlatelolco, ciudad contemporánea de Tenochtitlan, se excavó hacia los años sesenta la plaza principal con el Templo Mayor y muchos edificios aledaños, detectándose el muro delimitador que forma la plaza hecho con base en escaleras y muros que van alternándose. Lo mismo ocurre en Tenochtitlan, como ya dijimos. Con esto queda claro que el Coatepantli o "muro de serpientes" de que hablan algunos cronistas, entendido como un muro, en realidad no era tal, sino la plataforma mencionada que rodeaba el espacio sagrado y que tenía adoratorios o habitaciones en su parte alta, como lo demuestra el dato arqueológico.

Algo que notamos de inmediato es el carácter de privacidad que tienen estas plazas. Su acceso es restringido y en su interior se encuentran edificios considerados como centro del universo. Es evidente que el uso de estos espacios se destinaba a determinadas ceremonias especiales en honor de las deidades, en las que seguramente se permitía el acceso masivo durante las festividades, según el caso.

Vamos a comenzar por dar una amplia descripción del Templo Mayor o Hueyteocalli, por estar considerado como el principal edificio que simbolizaba el centro del universo mexica y porque sus etapas constructivas arrojan luces acerca de la cronología de la ciudad.

El Templo Mayor

El Templo Mayor de Tenochtitlan estaba orientado con su fachada principal viendo hacia el poniente, tal como lo estuvieron desde Teotihuacan, Tula, Tenayuca y Tlatelolco aquellos edificios que tenían el carácter de "centros del universo". Lo anterior obedecía a una orientación solar, pues el desplazamiento del astro por el firmamento era lo que se tomaba en cuenta para tal fin. En el caso del principal templo mexica, estaba asentado encima de una plataforma sobre la que se superponían cuatro cuerpos con dos escalinatas que miraban al poniente y que daban acceso, en la parte alta, a los dos adoratorios allí colocados en honor de Huitzilopochtli y Tláloc. Así lo describe fray Bernardino de Sahagún en el apéndice II del Segundo Libro:

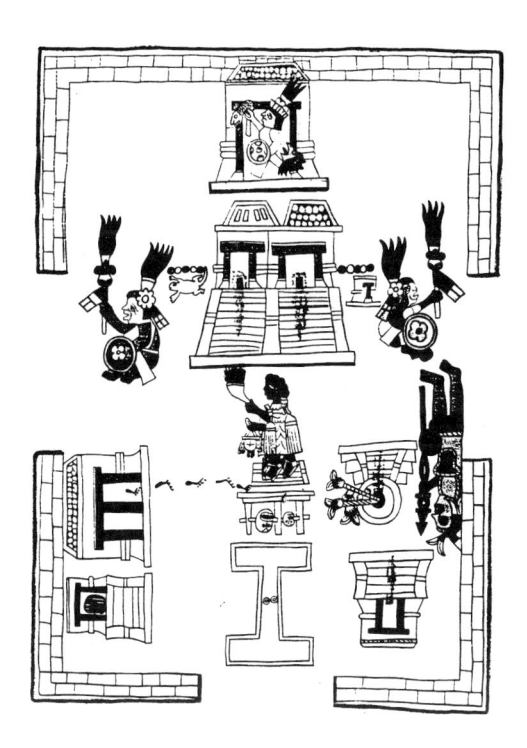

Lámina 8. Recinto sagrado de Tenochtitlan con el Templo Mayor y otros templos *(Primeros memoriales* de Sahagún).

La principal torre de todas estaba en el medio y era más alta que todas, era dedicada al dios Huitzilopochtli o Tlacauepan Cuexcotzin. Esta torre estaba dividida en lo alto, de manera que parecía ser dos y así tenía dos capillas o altares en lo alto, cubierta cada una con un chapitel, y en la cumbre tenía cada una de ellas sus insignias o divisas distintas. En la una de ellas y más principal estaba la estatua de Huitzilopochtli, que también le llamaban Ilhuícatl Xoxouhqui; en la otra estaba la imagen del dios Tláloc. Delante de cada una de éstas estaba una piedra redonda a manera de tajón que llamaban téchcatl, donde mataban los que sacrificaban en honor de aquel dios; y desde la piedra hasta abajo estaba un regajal de sangre de los que mataban en él, y así estaba en todas las otras torres. Estas torres tenían la cara hacia el occidente, y subían por gradas bien estrechas y derechas [...].

Las pictografías que han llegado hasta nosotros en las que se representa el Templo Mayor se apegan totalmente a la descripción que de él hace el franciscano y otros cronistas. Buen ejemplo de ello son las versiones que vemos en los *Primeros memoriales* del mismo Sahagún; las del *Códice Durán* y otras más. Sin embargo, una de las más detalladas representaciones del Templo Mayor es la que vemos en Ixtlilxóchitl, en donde se pintó el Templo Mayor de Texcoco, que al igual que el de Tlatelolco y otros lugares tenía las mismas características que el de Tenochtitlan. En él se aprecia la plataforma general y los cuatro cuerpos superpuestos con los dos adoratorios en la parte alta. En los extremos de la plataforma están las dos habitaciones con pisos de bloques de mármol que se han encontrado arqueológicamente en Tenochtitlan. A todas estas pictografías nos referiremos más adelante.

El edificio tuvo varios agrandamientos. Desde el pequeño adoratorio inicial, que más tarde fue cubierto por las etapas que cada tlatoani o gobernante hacía para quedar bien ante sus dioses y el pueblo, hasta la última etapa constructiva, que vieron y destruyeron los conquistadores. De esta manera, siete etapas superpuestas fueron construidas y cada una de ellas cubrió a la anterior, con lo que el edificio cada vez alcanzaba mayor tamaño y altura. Además, hay que tomar en consideración que hubo varios agrandamientos parciales sólo de la fachada principal. Veamos cada una de ellas:

Etapa I (alrededor de 1325 d.C.)
Se trata de la ermita que, según diversas fuentes históricas, fue la primera en construirse. Ya hemos referido lo relativo a ella. Arqueológicamente no ha podido ser encontrada ya que se supone que se hizo de material perecedero y piedras y se encontraba por debajo del nivel freático, lo que impide localizar —por el momento— algún vestigio de ella.

Etapa II (alrededor de 1390 d.C.)
Esta etapa constructiva se encuentra bien conservada. Se pudo excavar su parte superior, correspondiente al último cuerpo, y restos de las dos escalinatas, además de los dos adoratorios dedicados a Tláloc y a Huitzilopochtli. Estos adoratorios consisten en aposentos con sus pilares policromados que forman la puerta o acceso al interior. Los pilares están decorados con pintura mural. Los del lado del dios del Agua muestran círculos negros y debajo de ellos una banda azul y dos bandas rojas horizontales. Bandas verticales en tonos blanco y negro se alternan para completar el decorado de la parte inferior del pilar. Por su lado interno el pilar tiene a un personaje de pie en color amarillo con una mano que sostiene una especie de báculo o lanza; el personaje camina sobre una corriente de agua. Se le ha relacionado con una de las deidades asociadas al agua y al maíz. Todo el interior del aposento muestra restos de pintura sobre aplanado de lodo. Los del lado de Huitzilopochtli están menos conservados, pero hay indicios de que igualmente estuvo pintado.

Frente a la entrada del adoratorio de Huitzilopochtli se encontró la piedra de sacrificios. Se trata de una lápida de tezontle o piedra volcánica empotrada en el piso y debajo de ella se hallaron cuentas de piedra verde, cuchillos de sílex y algunos restos óseos. Varias ofrendas fueron localizadas bajo el piso del interior del adoratorio frente a la parte central de la banqueta que se encuentra al fondo del aposento, donde debió de colocarse la imagen del dios. Una de ellas consiste en un recipiente de travertino blanco que seguramente sirvió como urna funeraria, pues en su interior se encontraron huesos quemados, un cascabel de oro y dos discos de piedra verde. Una peculiar tapa de obsidiana cubría la urna. Junto a ella estaba otro recipiente o urna funeraria de obsidiana con una tapa del mismo material que contenía huesos quemados y una pequeña máscara de plata. Los estudios que se les practicaron indican que puede haber relación entre los restos óseos depositados. Por su posición dentro del contexto podemos afirmar que los restos pertenecieron a algún personaje de la más alta jerarquía mexica. Otra urna en forma de perro y elaborada en cerámica plumbate (tipo de cerámica que se distingue por su brillo metálico y cuyo origen corresponde al sureste mesoamericano) fue localizada en el interior del aposento. En total se encontraron seis ofrendas del lado de Huitzilopochtli, cuatro de las cuales son urnas funerarias.

Del lado de Tláloc, frente a la entrada del adoratorio, se localizó la figura de un chac-mool. Recordemos que este tipo de esculturas representan a un individuo recostado con la cabeza viendo hacia un lado y un recipiente sobre el vientre, que fue común en culturas como la tolteca y se han encontrado varias de ellas tanto en Tula como en Chichén-Itzá y otras regiones de Mesoamérica. Tiene atributos del dios Tláloc y estaba policromado con tonos en color azul, rojo, amarillo, blanco y negro. Sobre la nariz se colocó chapopote con carácter ritual. Debajo de él se hallaron alrededor de 52 puntas de obsidiana y 41 cuentas de piedra verde. También se encontraron tres pequeñas ofrendas en el relleno del piso del adoratorio que contenían piedras verdes.

Este edificio llegó a tener alrededor de 30 m de largo y una altura de aproximadamente 15 m. En el último escalón que conduce al adoratorio de Huitzilopochtli se halló un glifo "2-Conejo", que, de tratarse de un numeral, podría indicar el año 1390 d.C. De ser esto correcto, correspondería posiblemente al gobierno de Acamapichtli (1375-1395 d.C), aunque hay discrepancias en cuanto a las fechas relacionadas con los primeros tlatoani. Por el contenido de las ofrendas y por las pocas piezas que las componen, unido a la ausencia de materiales marinos, pensamos que, en efecto, esta etapa constructiva se edificó cuando los mexicas se encontraban bajo el yugo tepaneca y aún no iniciaban su expansión militar.

Etapa III (alrededor de 1431 d.C.)
Esta etapa constructiva cubrió totalmente lo hecho en la etapa anterior y se detectaron varios intentos de edificación que al parecer no prosperaron. El edificio aumentó considerablemente su tamaño, lo que indica que ya se contaba con un buen número de trabajadores dedicados a la construcción. Todo parece indicar que era mano

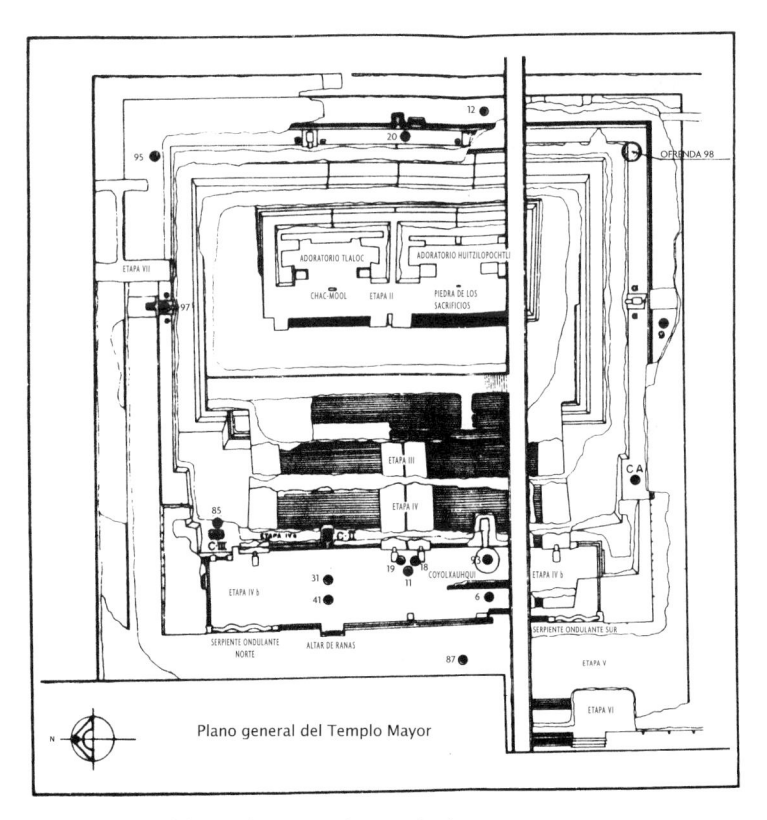

Lámina 9. Plano del Templo Mayor de Tenochtitlan.

de obra tributaria de los vencidos tepanecas, lo que coincide con las fuentes históricas, en las que se nos relata cómo Itzcóatl desea ampliar el Templo Mayor y pide materiales a los de Xochimilco, quienes se niegan a colaborar con los mexicas para la construcción del templo a su dios, lo cual va a provocar la guerra y el sometimiento de los xochimilcas al imperio mexicano. Leemos en Durán que "El rey Itzcóatl […] quiere edificar un aposento al dios Huitzilopochtli: que reciban de vosotros este beneficio, que permitáis tomar alguna piedra pesada y alguna madera de pinos aluares para ella […]"

Un hallazgo significativo fue el de ocho esculturas, algunas de tamaño natural, que se encontraron reclinadas sobre la escalinata del lado de Huitzilopochtli. Es evidente que estuvieron adornando el edificio y que, al momento en que se iba a cubrir con piedra y lodo para servir de cimiento para la siguiente etapa constructiva, se les colocó en la posición en que fueron encontradas. Pienso que estas esculturas de piedra representan a los huitznahuas, los guerreros del sur contra los que combate Huitzilopochtli, según relata el mito. Me baso en la observación de que algunas de las figuras tienen los brazos protegiendo el pecho y otros tienen en el pecho una oquedad, dentro de la cual se encontraron piedras verdes a manera de corazón. Dice fray Bartolomé de Las Casas que "solían poner así en los pechos de los ídolos una piedra preciosa fina, diciendo que aquellas eran sus corazones, en memoria de lo cual debían poner también a sus muertos".

Recordemos que las fuentes señalan que, después de la lucha en contra de los huitznahuas, el dios de la guerra devoró sus corazones. De ahí quizá se deriva el que algunas figuras tienen las manos sobre el pecho. Además, varias de las figuras tienen como adorno en la nariz el *yacameztli* o nariguera lunar, asociada a los dioses del pulque y a la Luna. Ya veremos cómo del lado de Huitzilopochtli se repite ritualmente lo acontecido en el cerro de Coatepec, lugar donde se lleva a cabo el combate del dios solar y la guerra en contra de Coyolxauhqui y los huitznahuas.

En la escalera del lado de Tláloc también se encontraron esculturas reclinadas. Una de ellas representa a un personaje con la mitad del cuerpo pintado de negro y la otra mitad de rojo que porta nariguera lunar. Otra figura es un cuerpo de serpiente de piedra con un rostro humano que emerge de las fauces del animal. Podría tratarse de una especie de Cihuacóatl o mujer serpiente.

Fueron localizadas un total de 13 ofrendas asociadas a esta etapa constructiva. En algunas de ellas se hallaron restos de fauna marina costeña, como las espinas de pescado de la ofrenda 8 o un pico de pez sierra y algunas conchas de la ofrenda 21, ambas ubicadas en la parte posterior del edificio. Por cierto que en esta última se encontró una espléndida vasija de barro pintada de azul con el rostro del dios Tláloc en relieve.

En la parte posterior del edificio del lado de Huitzilopochtli se encontró un glifo "4-Caña" que, de ser numeral, corresponde al año 1431 d.C., lo que concuerda con el momento en que los mexicas ya se habían liberado de Azcapotzalco bajo el gobierno de Itzcóatl y, como dijimos, cuentan ya con mano de obra tributaria. La presencia en algunas ofrendas de material marino también refuerza lo anterior, al igual que el tamaño que adquiere el monumento.

Etapas IV y IVa (alrededor de 1454 d.C.)
Esta etapa constructiva cubrió por sus cuatro lados a la anterior. La parte excavada corresponde al basamento general sobre el que se asienta el Templo y parte del primer cuerpo. La atribuimos a Moctezuma I, quien gobernó los destinos de Tenochtitlan entre 1440 y 1469 d.C. Para ello nos basamos en el glifo "2-Conejo" que aparece en la parte posterior del lado de Huitzilopochtli y que, de ser numeral, correspondería al año 1454 d.C. En este momento el imperio se encuentra en plena expansión y así se refleja en el edificio, ya que muestra elementos decorativos importantes y ofrendas procedentes de regiones lejanas. Ejemplo de lo primero son los conjuntos de braseros y serpientes de más de un metro de alto que se encuentran sobre la plataforma en la mitad de las fachadas norte y sur y a la mitad de la parte posterior de cada edificio. Los del lado de Huitzilopochtli consisten en una cabeza de serpiente flanquea-

da por dos braseros que tienen un moño atado a su alrededor. Los de Tláloc semejan ollas con el rostro del dios del agua y aún conservan sus pigmentos originales. La etapa IVa pudo corresponder al mismo tlatoani, pues el templo se inclinaba hacia su fachada principal por el enorme peso de la doble escalinata, lo que posiblemente indujo a ampliar dicha fachada. Durán nos habla de cómo se hacían estas construcciones masivas y de los materiales que se empleaban durante el gobierno de Moctezuma I, las cuales debieron de incluir un gran número de personas tributarias:

> […] que engrandezcamos a nuestro dios y le edifiquemos su templo, que luego, sin más detenimiento, se recojan los materiales de piedra, cal, arena, y madera para el edificio; de suerte que vos, señor Nezahualcóyotl, rey de la provincia de Tezcuco, os encarguéis de la frente y delantera del edificio y vos, señor Totoquiuaztli, rey y señor de la provincia tepaneca, hagáis la parte de las espaldas y trasera del templo, y los señores que de Chalco estáis presentes, os encargaréis del lado derecho, y la señora de toda la chinampa, que es Xochimilco con toda su provincia, haréis el lado izquierdo: los mazauaques acudirán con arena, y los de tierra caliente, con toda su provincia, acudirán con cal y lo que les fuere mandado y esto se ha de hacer con tanta brevedad que casi no ha de ser empezado cuando ha de ser acabado.

Ahora bien, ¿cómo se construía el templo? El mismo Durán nos informa sobre ello:

> […] fueron llamados los maestros para que midiesen el sitio y hiciesen y midiesen la traza y asiento del edificio, y dieron por respuesta que sería acertado hacer sobre estacas una plancha y cimiento de cien brazas en cuadro, donde se fundase lo del edificio y circunferencia del templo, lo cual fue así recibido por el rey y por todos los de su consejo, y luego, midiendo las cien brazas en cuadro, hicieron la estacada, y haciendo sobre ella una plancha de argamasa siguieron el edificio, y empezó a crecer con tanta presteza, que en muy poco espacio lo subieron en gran altura.

Si lo anterior nos habla de la manera en que se construía el Templo Mayor, no menos ilustrativa es la forma en que se colocaban las ofrendas a medida que el edificio cobraba altura. Seguimos con Durán:

> Viendo el rey Montezuma la prisa con que su templo se hacía, mandó a todos los señores de la tierra que para que su dios fuese más honrado y reverenciado, que se recogiesen por todas las ciudades mucho número de piedras preciosas, de piedras de ijada verdes, que ellos llaman chalchihuites, y beriles y piedras de sangre, esmeraldas y rubíes y cornerinas; en fin, de todo género de piedras ricas y preciadas joyas y muchas riquezas, y que a cada braza que el edificio creciese fuesen echando, entre la mezcla, de aquellas piedras preciosas y ricas joyas, y así echando por cabezas aquel tributo, cada ciudad acudía con sus joyas […].

Acerca de los objetos y animales traídos como tributo y depositados en las ofrendas del Templo Mayor en las etapas construidas por Moctezuma I, tenemos aquellos mencionados por Durán provenientes de Cuetlaxtlan, en la costa del Golfo: "[…] y luego mandó recoger los tributos que se habían obligado a dar, y trajeron mucho oro en polvo, mantas, plumas, piedras ricas, joyas, cacao, cueros de animales, caracoles grandes, veneras, jicoteas (tortugas), piedras de ámbar, de todos géneros de pescados secos en barbacoa […]".

Todo lo anterior ha podido ser constatado por la arqueología. Las ofrendas asociadas a las etapas IV y IVa no dejan lugar a dudas: vemos una fuerte presencia de peces, corales, conchas diversas de origen marino y piezas procedentes de la región de Mezcala, en el actual estado de Guerrero, localizado al sur de Tenochtitlan. También hay figuras de piedra mixtecas, llamadas penates, que indican que parte de la región de Oaxaca estaba sujeta a Tenochtitlan. Cabe destacar la ofrenda conocida como cámara II localizada en el centro de la escalinata que conduce al adoratorio de Tláloc, que contenía una gran cantidad de máscaras de estilo Mezcala. En la Cámara I, del lado de Huitzilopochtli, se encontró una figura que ha sido identificada en la iconografía mexica por Alfredo López Austin como la diosa Mayahuel, deidad asociada al pulque, hecha en un bloque de piedra verde de gran tamaño que seguramente procede de la región guerrerense. Otra ofrenda importante fue la de la cámara III, del lado de Tláloc, que contenía dos ollas policromas con representación de la diosa Chicomecóatl, deidad agrícola. Entre ellas se encontraban restos de un felino, además de una enorme cantidad de objetos y animales tanto de la costa como del altiplano.

Lo anterior concuerda perfectamente con las conquistas de este tlatoani. Sabemos que sus empresas militares consolidaron la presencia mexica en 33 pueblos del altiplano y de otras regiones como la costa del Golfo, en donde conquistó Cuetlaxtan y la Huasteca; lugares como Orizaba, Chichquila y Oceloapan entre otros. En Oaxaca quedaron bajo su dominio Coixtlahuaca, gran centro comercial y Tlatlauhquitepec. Instauró las *guerras floridas* con Tlaxcala y Huejotzingo, llamadas así por servir para la captura de prisioneros destinados al sacrificio. Moctezuma I quiso guardar memoria de sus conquistas y las mandó grabar en piedra: el resultado fue un *temalácatl* o piedra circular pintada de rojo que servía para el sacrificio gladiatorio durante la fiesta en honor de Xipe Tótec en la veintena de Tlacaxipehualiztli. Tenía en su parte superior la representación del Sol y alrededor de ella los triunfos militares. Se encontró en el patio poniente del edificio del ex Arzobispado en 1987, enfrente de la fachada principal del templo de Xipe Tótec o Tezcatlipoca rojo.

Etapa IVb (alrededor de 1469 d.C.)
Esta etapa corresponde a una ampliación parcial de la fachada principal del Templo Mayor. La hemos atribuido a Axayácatl, quien gobierna Tenochtitlan entre 1469 y 1481 d.C. Existe un glifo "3-*Calli*" colocado en la fachada sur del lado de Huitzilopochtli que corresponde al momento en que este tlatoani asume el mando en el año de 1469.

Los vestigios arqueológicos recuperados son la plataforma general sobre la que se asienta el templo, especialmente en su lado poniente o fachada principal. Frente a ella vemos parte del piso de la gran plaza formada por lajas de piedra. La plataforma tiene una escalinata corrida con cinco escalones que sólo se interrumpen por una pequeña construcción denominada Altar de las Ranas, ubicada en relación con el eje central del lado de Tláloc, y hay que recordar que estos animales guardan relación con el dios del agua, ya que viven en ese medio. Sobre la plataforma del lado de Huitzilopochtli se encontraron, como parte del último escalón, dos lápidas decoradas con serpientes. La escalinata de la plataforma conduce a su parte superior, donde se desplantan las dos escaleras que llevan a la parte alta del templo. Cada una de las alfardas que limitan ambas escaleras tiene como remate en su parte inferior, que descansa sobre la plataforma, cabezas de serpientes. Las dos del lado de Huitzilopochtli pudieran ser representaciones de nauyacas, pues tienen cuatro orificios como narices. Las del lado del dios del agua pudieran ser serpientes de cascabel. Aún conservan algo del color con el que estuvieron pintadas. Sin embargo, la figura que más llama la atención es, sin lugar a dudas, la monumental escultura circular de Coyolxauhqui, deidad lunar colocada sobre la plataforma a la mitad de la escalera que conduce a la parte superior del templo.

Esta figura muestra el cuerpo de la diosa decapitado y desmembrado, tal como relata el mito de la batalla en el cerro de Coatepec, cuando su hermano, el dios solar y de la guerra, Huitzilopochtli, la captura, la decapita y arroja desde lo alto del cerro el cuerpo, que cae totalmente desmembrado. La calidad de la pieza es excepcional, sobre todo si la comparamos con la Coyolxauhqui encontrada exactamente debajo de ésta, en la etapa IVa, y que no alcanza los niveles de excelencia que ésta tiene. Es muy probable que en todas las etapas constructivas hubiera habido una figura de la diosa, ya que el lado de Huitzilopochtli representa el cerro de Coatepec en el cual se lleva a cabo el combate, como veremos cuando hablemos sobre el simbolismo del Templo Mayor.

La plataforma sobre la que se encuentran todas estas piezas tiene en sus extremos dos aposentos con pisos de mármol. De ellos parten dos cuerpos de serpientes ondulantes que cierran la plataforma por su lado poniente, que da a la plaza. Conservan parte de su colorido original con base en tonos rojos y amarillos. En medio de la plataforma se encuentra una cabeza de serpiente sola pintada de rojo, amarillo y azul. En general, todo el conjunto de la plataforma es muy rico en elementos, con las cuatro cabezas de serpientes que flanquean las escalinatas, las dos serpientes de cuerpo ondulante, la cabeza a la mitad de la plataforma y la enorme escultura de Coyolxauhqui.

En cuanto a las ofrendas, hay que destacar que en esta etapa se encontraron 32 de ellas debajo del piso de la plataforma y en otros lugares del Templo Mayor. Del lado de Huitzilopochtli se excavaron cinco alrededor de la figura de Coyolxauhqui ricas en su contenido. Hay que destacar la presencia de dos ofrendas (18 y 19) colocadas en medio de las dos cabezas de serpiente centrales de la fachada principal. Se trata de dos cajas de piedra con su respectiva tapa que contenían cada una 13 figuras de cuerpo entero de tipo Mezcala alineadas y viendo hacia el sur. Estaban acompañadas de cuentas de piedras verdes, copal y otros elementos. Resulta significativo que ambas ofrendas ocupen el centro del Templo Mayor y que las figuras estén orientadas hacia el rumbo sur del universo, ya que esto las relaciona de inmediato con el rumbo universal regido por Huitzilopochtli. Lo anterior se debe a que el Sol (Huitzilopochtli), en su movimiento a lo largo del año, se desplaza más hacia el sur. No hay que olvidar que este dios lucha en contra de los huitznahuas o innumerables sureños, las estrellas del sur. Y de ese rumbo provienen las figuras de Mezcala. Todo ello nos lleva a pensar en la importancia que esto tiene, pues al declinar el Sol más hacia el sur hacia el mes de diciembre (solsticio de invierno), se establece una relación con la gran fiesta en honor de Huitzilopochtli, Panquetzaliztli, como veremos en su momento.

Otras ofrendas importantes fueron la 7 y la 61, ubicadas a la mitad de las fachadas sur y norte, respectivamente. Estaban colocadas en el interior de cámaras y guardan una gran similitud en su contenido. Estaban presididas por el dios Xiuhtecutli-Huehuetéotl en posición sedente rodeado de corales marinos, ollas con la efigie de Tláloc, restos óseos de serpientes, aves, tortugas, peces, caracoles, conchas, etc., además de piezas de obsidiana y cerámica. La del lado sur tenía dos cabezas de cocodrilo y partes del cuerpo del animal.

También es notoria la relación que guardan por su similitud las ofrendas 11 y 17, la primera ubicada en el centro de la fachada principal y la otra en la parte posterior del templo. Seguramente fueron colocadas al mismo tiempo en determinadas ceremonias. Hay que destacar que, aunque se encuentra en el lado posterior del edificio, las figuras de la ofrenda 17 están orientadas hacia el poniente.

Dos urnas funerarias de cerámica anaranjada (ofrendas 10 y 14) se encontraron cerca de la escultura de Coyolxauhqui. La primera tenía restos de huesos cremados que estaban acompañados por una figura de serpiente en piedra. La otra, además de los huesos en las mismas condiciones, contenía un collar de cabezas de patos hechos de obsidiana y algunos otros materiales. Las urnas están decoradas con representaciones de dioses armados con *átlatl* o lanzadardos en una mano y en la otra los dardos. El de la ofrenda 10 representa a Tezcatlipoca y la otra figura se ha prestado más a discusión, pues hay quien piensa que se trata del dios del fuego o de Mixcóatl. Los estudios practicados a los huesos quemados resultan sumamente interesantes, pues confirmaron lo que ya habíamos señalado desde que fueron excavadas ambas urnas: corresponden a individuos masculinos adultos, con fuertes inserciones musculares en los huesos, que indican haber realizado movimientos constantes como los que son propios de los guerreros. Por su ubicación del lado del dios de la guerra, cerca de Coyolxauhqui, deidad vencida, dijimos que se podía tratar de militares de alto rango heridos o muertos en las campañas que Axayácatl emprendió en contra de los de Michoacán o de la vecina Tlatelolco, conquistada por este tlatoani en 1473 d.C.

En general, estas ofrendas vienen a refrendar que el imperio se encuentra en plena expansión, lo que se refleja en la gran cantidad de materiales procedentes de ambas costas y de otras regiones. A Axayácatl se le atribuye la conquista de 37 pueblos que vinieron a sumarse a los que ya se encontraban bajo el control militar y económico de la Triple Alianza.

Etapa V (alrededor de 1482 d.C.)
Lo único que queda de esta etapa es parte de la plataforma general sobre la que se asienta el Templo Mayor, la que aún conserva restos del estuco que la recubría. También puede ser de esta época la Casa de las Águilas, que se localiza al norte del Templo Mayor, en donde se encontró una serie de aposentos con banquetas decoradas con relieves que muestran procesiones de guerreros policromados. Se entra al recinto por una escalera que mira hacia el poniente para llegar a un vestíbulo con pilares que sostienen el techo. Enfrente está la puerta de acceso y sobre las banquetas se encontraron figuras de barro de tamaño natural que representan guerreros águila, pues están ataviados como tales. Ya en el interior, hay un cuarto alargado de norte a sur y un pasillo que conduce a otro conjunto de habitaciones que están en los extremos norte y sur de un patio. El cuarto del lado norte tiene a ambos lados de la puerta grandes figuras de una flor de cuatro pétalos. Los pisos de estuco de todo el conjunto se encuentran en buenas condiciones y se hallaron braseros colocados en parejas delante de altares que sobresalen de las banquetas de guerreros. Éstos, por cierto, guardan sus colores originales en buen estado y vemos cómo la procesión converge hacia un *zacatapalloli* o bola de heno con púas para el autosacrificio. El vestíbulo de entrada continúa hacia el norte y da vuelta hacia el poniente, hasta llegar a una puerta que mira al sur, la cual fue excavada y sobre la banqueta y ambos lados de la puerta se localizaron dos impresionantes figuras en barro del dios Mictlantecuhtli, Señor del Inframundo, en la típica posición de las deidades asociadas a la tierra y al inframundo, es decir, con las manos levantadas y el cuerpo parcialmente descarnado. La cabeza de la deidad tiene pequeños agujeros, seguramente para colocar cabellos. También se detectó sobre los hombros un material que una vez analizado resultó tener restos de componentes de la sangre. Esto corresponde a una ceremonia por medio de la cual se bañaba con sangre el cuerpo del dios, como se ve en el *Códice Magliabechi*. Entre las costillas de ambas piezas se halló un elemento trilobado de barro pintado de color rojizo que se ha interpretado como el hígado. Conforme al estudio realizado por Leonardo Ló-

pez Luján[5] sobre este conjunto, al parecer sirvió para ciertas ceremonias asociadas con el tlatoani al momento de su entronización, por medio del cual se desplazaba de oriente a poniente, siguiendo el rumbo solar, para después ir hacia el norte, rumbo relacionado con la muerte.

Posiblemente esta ampliación del Templo Mayor pudiera corresponder a Tízoc, quien gobernó Tenochtitlan entre 1481 y 1486 d.C. Pocas cosas se le atribuyen a este gobernante. Pese a esto, parece que emprendió la ampliación del Templo Mayor, la cual no terminó. Dice Durán sobre el particular "…y que propuso, por importunaciones de Tlacaelel, de acabar de edificar el templo, que no estaba acabado un gran pedazo del edificio […]".

Corresponden a esta etapa diversas ofrendas tanto en el Templo Mayor como en la Casa de las Águilas, que una vez más reafirman el control que sobre otras poblaciones tuvieron los gobernantes mexicas. No hay que olvidar que se atribuye a Tízoc la elaboración de otro *temalácatl* o piedra para el sacrificio gladiatorio encontrado en la Plaza Mayor de México en 1791, alrededor del cual se ven grabados los triunfos de este tlatoani, que se piensa fueron 14, aunque no falta quien los atribuya a Axayácatl; y que Tízoc fungió como general de los ejércitos mexicas.

Etapa VI (alrededor de 1486 d. C., en adelante)
Esta etapa corresponde a una ampliación por los cuatro lados que cubrió la etapa anterior. Entre los vestigios arqueológicos recuperados están la plataforma sobre la que se asienta el templo, con parte de su escalinata al frente y cuyas alfardas muestran un decorado consistente en una banda horizontal o moldura que divide la alfarda en dos partes: la inferior en forma de talud y la superior con menor inclinación. Sin embargo, de los hallazgos correspondientes a esta etapa tenemos varios edificios que rodean al Templo Mayor y que describiremos por la importancia que guardan en relación con el principal templo mexica.

---

[5] Leonardo López Luján, *La Casa de las Águilas*, 2 vols., México, INAH-FCE, 2006.

En primer lugar vamos a referirnos a los Templos Rojos, llamados así por prevalecer en ellos este color, aunque tienen restos de otros pigmentos. Se trata de dos adoratorios que se encuentran uno al sur y otro al norte del Templo Mayor. Su fachada principal ve hacia el oriente y tienen un vestíbulo limitado por dos muros con aros pintados de rojo y en su parte inferior se ven moños atados con nudos; en el centro hay un altar circular. La escalera de ambos adoratorios ve hacia el oriente y en sus alfardas pueden verse pintados una especie de ojos a la manera teotihuacana. También están pintados los muros del adoratorio con elementos en colores azul, rojo y negro. En la parte superior de cada adoratorio se encontraron ofrendas consistentes en su mayoría en instrumentos musicales o esculturas que los representan. En la del adoratorio sur se hallaron también enormes cuchillos de piedra con un rostro en la parte puntiaguda. Del estudio realizado por Bertina Olmedo sobre estos edificios, se concluyó que guardan relación con Macuixóchitl, deidad de la danza y el canto.

El Templo Rojo del norte está alineado con otros dos adoratorios a los que hemos denominado adoratorios A y B. Los tres corren paralelos al muro de la gran plataforma del Templo Mayor y se asientan sobre uno de los pisos de lajas que son parte del recinto ceremonial. El Adoratorio A consta de dos pequeñas escaleras, una que ve hacia el poniente y la otra hacia el oriente. No muestra ningún decorado especial en sus muros. En cambio, el adoratorio B tiene su escalera orientada hacia el poniente y los tres muros restantes están decorados con alrededor de 240 cráneos de piedra recubiertos de estuco, colocados uno junto al otro a manera de un *tzompantli* o lugar donde se colocaban los cráneos de los decapitados en determinadas fiestas. La presencia de estos cráneos podría indicar el rumbo norte del universo, pues bien sabemos que éste se denominaba Mictlampa o rumbo de los muertos. En su interior se encontró una ofrenda dentro de una cista de piedra con un felino y posiblemente restos de un lobo, asociados a ollas con la efigie de Tláloc, puntas de proyectil, cuentas de piedra, etcétera.

Existe otro edificio al norte del Templo Mayor y al oriente del

Recinto o Casa de las Águilas. Se le ha denominado adoratorio D y tiene su escalera viendo hacia el poniente. En su parte superior se ve una huella en el piso de estuco de forma circular lo que parece indicar que allí hubo una escultura, la que no se encontró durante las excavaciones. Al norte de este adoratorio se excavó, en 1965, otro adoratorio similar a los anteriores que bien puede ubicarse cronológicamente en esta etapa, consistente en un edificio que ve hacia el oriente con un mural pintado sobre el talud de su cara sur, donde se ven dos mascarones del dios Tláloc en colores rojo, anaranjado, azul y negro. Se desplanta sobre un piso de lajas que debe de ser el mismo sobre el que se encuentran los adoratorios ya mencionados.

En la descripción de la etapa anterior mencionamos la Casa de las Águilas. Esta estructura quedó cubierta por una nueva construcción con características similares y se encuentra exactamente al norte de los adoratorios A, B y C. Se encontró solamente la plataforma con dos escaleras que daban acceso al vestíbulo, el cual fue destruido para construir un patio de la época colonial, formado por varias bases de columnas. La plataforma tiene dos escaleras, una que ve hacia el poniente, cuyas alfardas se encuentran decoradas con cabezas de águila que aún conservan sus colores: el pico pintado de amarillo y en la cabeza plumas blancas y negras. El vestíbulo da vuelta hacia el poniente y allí se ubica la otra escalera que mira hacia el sur.

Todas estas construcciones pueden pertenecer al momento en que gobierna Ahuízotl (1486-1502 d.C.). Existe una lápida conmemorativa de una de las ampliaciones del Templo Mayor que tiene la fecha "8-Caña", es decir, 1487. En ella se ve a dos gobernantes mexicas, Tízoc y Ahuízotl, ante un zacatapalloli o bola de heno que contiene las púas para el autosacrificio. De la ampliación del templo en aquel año nos relata Durán que "[…] el año segundo de su reinado, que fue de mil y cuatrocientos y ochenta y siete, que ellos contaban ocho Cañas, determinó de dar fin al edificio del templo y acabarlo de perfeccionar y hacer en su fin y perfección […]".

Se dice que Ahuízotl terminó la obra inconclusa de su antecesor. Aquí es necesario aclarar que era motivo de orgullo de cada gobernante ampliar el Templo Mayor para gloria de su dios Huitzilopochtli —y de sí mismos— por lo que podría darse el caso de que el nuevo tlatoani quisiera llevar a cabo su propia ampliación. Sea como fuere, el templo cobraba a cada paso un mayor tamaño que lo hacía destacar entre los demás templos del recinto ceremonial.

Este último tlatoani expandió el imperio hasta el Soconusco y Guatemala, al sur, y al norte hasta Oxitlan y Cuzcatecutlan, como parte de los 45 pueblos conquistados bajo su reinado. En el actual estado de Guerrero somete a Teloloapan, Temascaltepec y Zacatula, cerca de la frontera con los tarascos de Michoacán. Toma Mochco, Acapulco y Tehuantepec, entrando a Oaxaca, Mitla y Chiapas.

Etapa VII (alrededor de 1502 en adelante)
De esta etapa solamente se ha encontrado parte de la plataforma sobre la que se asentaba el edificio del Templo Mayor. Fue la que vieron los españoles y finalmente arrasaron de manera sistemática, lo que se aprecia en los pocos vestigios y la huella que quedó de ésta. No debió de ser tarea fácil demoler aquella enorme masa arquitectónica que llegó a tener 82 m por lado y cerca de 45 m de altura. La hemos atribuido a Moctezuma II (1502-1520 d.C.), de quien se dice que llegó a conquistar diversas regiones y a quien tocó el infortunio de ver cómo sus enemigos penetraban al corazón mismo de Tenochtitlan.

El Templo Mayor en los códices

Ya habíamos comentado cómo los restos encontrados por la arqueología concuerdan en mucho con las pictografías del siglo XVI que han llegado hasta nosotros. Vamos a comenzar por describir aquellos en los que se aprecia el conjunto de la gran plaza o recinto ceremonial y la plataforma que lo rodea para después pasar a ver las características con que se pintó el Templo Mayor. Más adelante volveremos a acudir a los primeros, cuando nos refiramos a los edificios aledaños al principal templo azteca. Así, tres son los documentos en los que podemos observar la gran plaza o recinto ceremonial de Tenochtitlan y la plataforma que la delimita. Son ellos el plano de Cortés publicado en Nuremberg en 1524; el del *Códice Aubin* y el de los *Primeros memoriales* de fray Bernardino de Sahagún. El primero de ellos corresponde a la más antigua pictografía conocida de la ciudad de Tenochtitlan y ciudades ribereñas, mandado a hacer por Cortés y enviado al emperador Carlos V con la *Segunda carta de relación*. En él vemos que la plaza principal está delimitada por la gran plataforma y se ven las cuatro puertas por las que se salía hacia las cuatro calzadas: la del Tepeyac al norte; la de Iztapalapa al sur; la de Tacuba al poniente y otra de menor tamaño hacia el oriente. Sobre la pla-

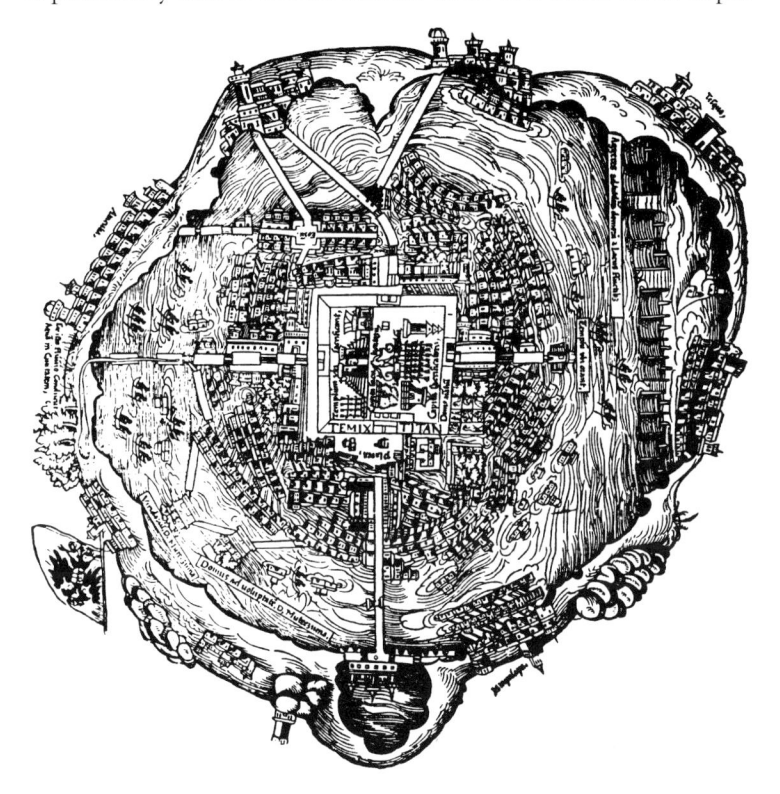

Lámina 10. Plano de Tenochtitlan mandado a hacer por Cortés y publicado en 1524.

Lamina 11. Templo Mayor de Tenochtitlan con sus dos adoratorios dedicados a Tláloc (izquierda) y Huitzilopochtli (derecha) *(Códice Durán).*

taforma del lado sur vemos el nombre de la ciudad: Temixtitan. Más adelante haremos referencia a la ubicación de los edificios en su interior pues hay un error fundamental en el grabado. En lo que se refiere al *Códice Aubin,* éste es muy esquemático y se ve la gran plataforma con accesos por sus cuatro lados a manera de escaleras que podrían indicar la conexión con las cuatro calzadas y la presencia de círculos que quizá darían a pensar que se trata de adoratorios encima de ella. En el interior sólo se encuentra el Templo Mayor y tres personajes, uno de ellos parece ser un español que porta una lanza y el otro un guerrero indígena de cuya boca sale la vírgula de la palabra. Un tercer individuo toca un tambor. Por su parte, el plano de los *Primeros memoriales* muestra la gran plataforma abierta en tres de sus lados —norte, sur y poniente— y en su interior algunos edificios que analizaremos en su momento.

Veamos ahora cómo se pintó el Templo Mayor, para lo cual acudiremos a las representaciones en que el edificio está visto de frente. Además de contar con los tres documentos mencionados, también

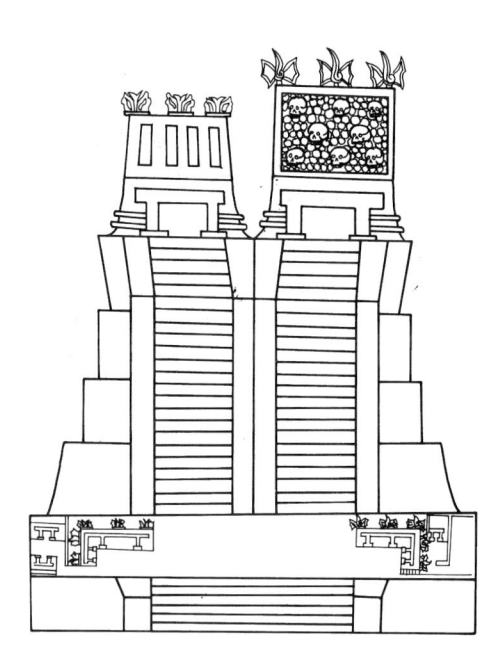

Lámina 12. Templo Mayor según el *Códice Durán*.

tenemos tres pinturas del edificio en el *Códice Durán* y en el *Tovar*, copia del anterior; dos en el *Telleriano* y el muy conocido del Templo Mayor de Texcoco del *Ixtlilxóchitl* que, como ya dijimos, guardaba gran similitud con los templos principales de Tenochtitlan, Tlatelolco, Tenayuca, etc. La plataforma general sobre la que se asienta el edificio está presente en todos ellos menos en dos del *Durán* y en el plano de Cortés. La plataforma se pintó como una simple base como lo vemos en las dos figuras del *Telleriano* y en la de los *Primeros memoriales*. En el caso de una de las figuras del *Durán* y del *Tovar* vemos algo interesante: dos cuerpos de serpientes delimitan la plataforma. En un principio pensamos que esto era una interpretación del pintor, pero una vez excavado el Templo Mayor pudimos observar que, en efecto, se encontraron dos enormes serpientes con el cuerpo ondulante de cerca de 7 m de largo que se localizaron sobre la plataforma que limita la escalera que da acceso de la plaza a la plataforma misma. No se trataba, pues, de una invención, sino de una de las características de la plataforma que sostenía el templo. En el caso del *Aubin*, vemos la plataforma insinuada por un elemento que está al frente del edificio, y en el *Ixtlilxóchitl* la plataforma está delimitada en sus extremos por aposentos y altares, tal como lo evidencia el dato arqueológico. También se ve la escalera corrida con sus muros laterales.

En lo que a los cuerpos del edificio se refiere, sabemos que fueron cuatro cuerpos superpuestos. Así están pintados en las dos figuras del *Telleriano*; en el *Aubin*; en una del *Durán* y en el *Ixtlilxóchitl*. Los demás muestran más cuerpos o, como ocurre con una de las figuras del *Durán*, ambos basamentos están separados, lo que evidentemente es erróneo. En cuanto a los dos adoratorios de la parte superior, están presentes en todas las pictografías salvo en una del *Telleriano* en la que se colocó simbólicamente la piedra de la que nace el nopal, con lo que se alude a que fue en el lugar donde se encontró este símbolo que se construyó el Templo Mayor.

Simbolismo del Templo Mayor

El Templo Mayor o *hueyteocalli* era el edificio más importante de la ciudad tenochca y estaba revestido de múltiples simbolismos que lo hacían ser el edificio de mayor sacralidad en el recinto ceremonial. Veremos cada uno de sus contenidos simbólicos que nos llevarán a penetrar en la esencia de lo que, para el mexica, significaba el Templo Mayor.

El Templo Mayor como centro del universo

Para comenzar, considero indispensable aclarar qué entendemos por "centro del universo". Muchas cosmogonías establecen que existe un centro que se convierte en el punto fundamental en el que convergen o del que emanan diversas fuerzas, y es el punto de unión esencial del universo. Tiene un carácter sagrado, en él están inmersos algunos de los principales mitos y es el lugar donde se encuentra la "Montaña o montañas sagradas". Por su carácter, los dioses lo han escogido y han asentado en él su morada. Su ubicación va acompañada de símbolos específicos que lo señalan como el lugar elegido. En el caso de los mexicas, queda claro que el centro del universo se establece en el lugar donde se encontraron, supuestamente, los símbolos indicados por su dios Huitzilopochtli, es decir, el águila parada sobre el nopal que nace de una piedra dentro de un ámbito acuático, los cuales previamente habían sido validados por la presencia de símbolos toltecas. Será en ese lugar donde se construya el Templo Mayor. Ahora bien, como ya lo habíamos expresado años atrás, el Templo Mayor es el lugar por donde lo mismo se sube a los niveles celestes que se puede bajar al inframundo; de él parten los cuatro rumbos universales. Por lo tanto, se considera el centro de centros o, como lo hemos llamado también, el centro fundamental. Cabe aclarar que existen varios centros. Así como el Templo Mayor es el centro fundamental, el recinto ceremonial a la vez se constituye en centro de lo sagrado y habitación de los dioses y la ciudad de Tenochtitlan también tendrá el carácter de centro, como lo tiene el fogón de cualquier casa. Sin embargo, el centro fundamental tiene el contenido de mayor sacralidad por ser el lugar donde, como se dijo, convergen y emanan diversas fuerzas y es el punto de unión de todas ellas. Nos dice Eliade sobre el particular:

> Todas estas construcciones sagradas representan simbólicamente el universo entero: los pisos o las terrazas son identificados con los "cielos" o los niveles cósmicos. En cierto sentido, cada uno de ellos reproduce el monte cósmico, es decir, que se le considera como construido en el "centro del mundo".
>
> [...]
>
> En efecto, por el hecho de que están situados en el centro del cosmos, el templo o la ciudad sagrada son siempre el punto de encuentro de las tres regiones cósmicas.

En relación con esto último, recordemos cómo se constituía el orden universal: el universo constaba de tres niveles, siendo el del centro la tierra, lugar donde habitaba el hombre. Hacia arriba esta-

Lámina 13. Templo Mayor de Tenochtitlan con los dos adoratorios en su parte alta *(Códice Durán)*.

ban los 13 cielos, tal como se ve en el *Códice Vaticano A 3738*. El primero de ellos corresponde a las nubes y a la Luna. El segundo era el Citlalco o lugar donde estaban las estrellas. El tercero es por donde se desplaza el Sol en su recorrido diario. El cuarto está ocupado por Venus o, según otra versión, por Uixtocíhuatl, hermana de los *tlaloques* y señora de las aguas salobres. El quinto es por donde pasan los cometas o el lugar del giro. Los dos cielos siguientes se representan con colores, ya sea verde y azul o negro y azul. El octavo era el Iztapalnacazcayan o lugar que tiene esquinas de lajas de obsidiana; era el cielo donde se formaban las tempestades. Los tres siguientes eran cielos en donde estaban los dioses y los dos últimos correspondían al Omeyocan o lugar de la dualidad suprema, donde residían Ometecutli y Omecihúatl, el señor y la señora 2. Hacia abajo se encontraban los inframundos en número de nueve, siendo el más profundo y noveno el Mictlan, donde residía la pareja de Mictlantecuhtli y Mictlancihuatl, señores del lugar de los muertos. Conforme a Sahagún, los individuos que morían de cualquier tipo de

Lámina 14. Templo Mayor (izquierda) y estructura conocida como *tzompantli* o lugar de cráneos *(Códice Durán)*.

muerte no relacionada con agua o guerra estaban destinados al Mictlan. Para llegar a él se necesitaba pasar por una serie de peligros y acechanzas, tal como lo vemos expresado en el *Códice Vaticano 3738*. El franciscano indica que estos peligros incluían pasar a través de dos montañas que chocan entre sí, lo que hemos interpretado como atravesar entre las dos montañas míticas que conforman el Templo Mayor. Acto seguido, había que pasar por el lugar en donde está la serpiente que guarda el camino; después seguía el sitio de la lagartija verde; atravesar ocho páramos y ocho collados; pasar por el lugar del viento frío de navajas; cruzar acompañado por un perro bermejo el río Chiconahuapan, para finalmente llegar al Mictlan. El *Códice Vaticano* incluye al comienzo del recorrido un río o "pasadero del agua", además del lugar donde se encuentran los cerros que chocan entre sí; el cerro de obsidiana; el lugar del viento de obsidiana; el lugar donde tremolan las banderas; el lugar donde es flechada la gente; el lugar donde son comidos los corazones de la

Lámina 15. Templo Mayor de Tenochtitlan (*Códice Durán*).

gente; el lugar de la obsidiana de los muertos y finalmente el lugar sin orificios para el humo, siendo éste uno de los nombres que se asignaba al Mictlan.

En sentido horizontal están los cuatro rumbos del universo. Contamos con una imagen de éste en el *Códice Fejérvary-Mayer*. El norte se identifica con el Tezcatlipoca negro y su glifo es el cuchillo de sacrificios. Es la región de los muertos o Mictlampa y se le consideraba la región de lo seco, de lo muerto, de ahí que la planta que le corresponde sea una *xerofita*, propia del área desértica. El sur está regido por Huitzilopochtli, el Tezcatlipoca azul, y su glifo es el conejo. Es la región relacionada con la abundancia y la fertilidad, con lo húmedo, en contraste con el norte. Era el lugar denominado *huitztlampa* o del sacrificio con espinas. Al oriente lo rige el Tezcatlipoca Rojo, posiblemente relacionado con Xipe Tótec, y su glifo es la caña. Es el lugar por donde nace el Sol que es acompañado hasta el mediodía por los guerreros muertos en combate o sacrificio, por lo que se constituye en el rumbo de lo masculino. Su contraparte lo tenemos en el rumbo poniente, relacionado con el color blanco y regido por Quetzalcóatl, cuyo glifo es casa *(calli)* y corresponde al *cihuatlampa* o rumbo femenino del universo. Las mujeres muertas en parto acompañan al Sol desde el mediodía hasta el atardecer.

Pues bien, estos rumbos partían del centro de centros, que era el Templo Mayor, y el edificio mismo encerraba en sí los niveles del universo. Así, la plataforma sobre la que se asienta el templo la consideramos el nivel terrestre; los cuatro cuerpos corresponden a otros tantos "cielos" y en la parte superior se encuentra la dualidad suprema representada en Tláloc y Huitzilopochtli. Por su parte, Patrick Johansson ve que cada cuerpo superpuesto del Templo Mayor corresponde a los lugares por donde vienen los enemigos del dios de la guerra, según el mito de la lucha de Huitzilopochtli en contra de Coyolxauhqui y sus hermanos. Estos lugares son: Tzompantitlan, Coaxalpan, Apetlac, Tlatlacapan y Tlacazouhcan.

El Templo Mayor como montañas sagradas depositarias de los mitos

Cada una de las dos partes del Templo Mayor representaba simbólicamente una montaña sagrada. La del lado sur era Coatepec, donde se había llevado a cabo el combate de Huitzilopochtli en contra de Coyolxauhqui y sus hermanos, los 400 surianos. Los componentes arquitectónicos y escultóricos así lo indican. El cerro-templo tenía en su parte alta el santuario de Huitzilopochtli triunfador, en tanto que sobre la plataforma (nivel terrestre) se encuentra la enorme escultura de Coyolxauhqui, decapitada y desmembrada. A ello se unen las figuras de guerreros encontradas en la etapa III que bien pueden representar a los huitznahuas o sureños, con lo cual se completa a los participantes en la lucha. A esto hay que agregar cómo en esta misma etapa se ve una serie de piedras saledizas que de manera irregular cubren todo el lado de Huitzilopochtli, que pensamos obedecen al propósito de dar una idea del edificio como un cerro o montaña. Por otra parte, frente al adoratorio de Huitzilopochtli se encontró la piedra de sacrificios (etapa II), en que se inmolaba a los guerreros cautivos en combate que subían en ringlera para ser sacrificados y ofrendar su corazón al Sol, con lo cual se volvía a realizar lo que el dios solar y de la guerra había hecho contra Coyolxauhqui: matarla en lo alto del cerro de Coatepec y arrojar su cuerpo que rueda hasta el fondo, donde cae desmembrado. Lo mismo ocurría con los sacrificados: eran guerreros (como lo era la diosa, y a ella representaban), se les extraía el corazón y su cuerpo se arrojaba hacia abajo, cayendo sobre la escultura de Coyolxauhqui, donde eran desmembrados por quienes habían participado en su captura. Era la forma de reactualizar lo ocurrido en el tiempo mítico…

Ahora bien, el lado de Tláloc también representaba simbólicamente un cerro: el de los mantenimientos o Tonacatépetl, tal como lo planteamos en su momento:

> En relación con el Templo de Tláloc, no sería extraño que, al igual que al de Huitzilopochtli, se le considere un cerro, dado que algunos sacrificios en honor del dios de la lluvia se realizaban en lo alto de algunos cerros, como era el caso, por ejemplo, de los meses de Atlcahualo y Tozoztontli.

La apariencia de cerro o montaña se lograba en la fiesta de Huey Tozoztli, cuando se cubría el lado de Tláloc con ramas, árboles, maleza y rocas, tal como lo señala Durán:

> Todas estas fiestas y juegos se hacían en un bosque que se hacía en el patio del templo, delante de la imagen del ídolo Tláloc, en medio del cual bosque hincaban un árbol altísimo, el más alto que en el bosque podían hallar, al cual ponían por nombre "Tota", que quiere decir "Nuestro Padre". […] antes del día propio de la fiesta de este ídolo hacían un bosque pequeño en el patio del templo, delante del oratorio de este ídolo Tláloc, donde ponían muchos matorrales y montecillos y ramas y peñasquillos que parecían cosa natural y no compuesta y fingida.

Al mismo tiempo que se celebraban estas ceremonias, en el monte Tláloc se llevaba a cabo el sacrificio de un niño colocado dentro de un pabellón. Cosa similar ocurría frente al Templo de Tláloc, donde una niña era trasladada junto con el árbol Tota al lago donde se sacrificaba y se arrojaba al sumidero o remolino que allí existía.

De esta manera, ambas montañas sagradas encierran un mito importante: Coatepec es el lugar donde nace su dios para combatir al enemigo; luego el destino del mexica es nacer para el combate. De esta manera se justifica teológicamente la necesidad económica de conquistar a otros pueblos para imponerles un tributo. Por su parte, Tonacatépetl guarda los dones que habrán de sustentar al hombre y está presidido por Tláloc, dios del agua y de la fertilidad. Ambas montañas y mitos representan las necesidades más apremiantes del mexica: todo aquello relacionado con la producción agrícola, la fertilidad, la lluvia, en una palabra: la vida; en tanto que el otro lado simboliza la guerra, el sacrificio y su consecuencia final: la muerte. Ambos representan la base económica sobre la que se asentaba la sociedad mexica y el conjunto tiene el papel de Altépetl, montaña rodeada por la comunidad que otorga el agua, los granos y los bienes para su subsistencia. Además, la dualidad mesoamericana por excelencia, vida y muerte, está presente en el Templo Mayor de Tenochtitlan…

El Templo Mayor como mito vivo

Ya hemos visto cómo cada lado del templo representa una montaña en la que ha ocurrido algún portento. También cómo cada una de ellas encierra o representa un mito importante. Bien sabemos que algunos mitos parten de un hecho real, histórico, que el pueblo donde acontece lo mitifica, y lo que es lucha entre hombres se convierte en lucha entre dioses. Esto es lo que ocurrió en el caso del combate de Huitzilopochtli contra sus hermanos en Coatepec. Páginas atrás nos referimos a cómo al pasar los mexicas por este lugar se asientan y los del grupo huitznahua pretenden quedarse allí definitivamente, lo que provoca la ira de Huitzilopochtli, dándose así la lucha entre ambas facciones. La suerte se decide por los del bando de Huitzilopochtli y es así como el dios vuelve a nacer en el cerro de Coatepec. De esta manera, la pugna por el poder entre dos grupos se resuelve a favor de uno de ellos, lo que será deificado de inmediato: ambos dirigentes —Huitzilopochtli y Coyolxauhqui— se convertirán en dioses. El primero representa los poderes diurnos, solares, masculinos; la otra, los poderes nocturnos, lunares, femeninos. En la confrontación el Sol triunfa todas las mañanas con el arma de Huitzilopochtli, la xiuhcóatl o serpiente de fuego, que no es otra cosa que el rayo solar que en la mañana disipa las tinieblas de la noche y a las estrellas (los 400 o innumerables surianos).

Ahora bien, el acontecimiento real de lucha entre los hombres por el poder deriva en lucha entre los dioses y surge el mito. Después ocurre el siguiente paso, y es el surgimiento del ritual para recordar y conmemorar el acontecimiento que consolida en el poder al grupo triunfante. ¿Cómo ocurría esto? A través de la fiesta de Panquetzaliztli en honor del dios solar y de la guerra. Esta veintena caía hacia el mes de diciembre, cuando se llevaban a cabo las ceremonias que revestían características que reactualizaban todo lo ocurrido en Coatepec. En efecto, la fiesta comenzaba con cantos en honor de Huitzilopochtli, llamados *tlaxotecáyotl*. Nueve días antes de que se llevara a cabo el sacrificio de esclavos y cautivos de guerra se bañaba a los primeros en el manantial de Huitzílatl que se encuentra en el pueblo de Huitzilopochco. Pintaban su cuerpo de color azul y el rostro con líneas azules y amarillas. Faltando cinco días para el sacrificio ayunaban los dueños de los esclavos y los viejos de los barrios. Muchas ceremonias se verificaban en los días previos al sacrificio, de los que nos da pormenores Sahagún. El día anterior al sacrificio los esclavos subían al templo de Huitzilopochtli y daban vueltas alrededor de la piedra de sacrificios y después comían tamales. Al día siguiente descendía el dios Painal de lo alto del templo y se dirigía al *teotlachco* o juego de pelota, donde se mataba cuatro cautivos que eran arrastrados. A partir de este momento se hacía un amplio recorrido que empezaba por Tlatelolco y Nonoalco, lugar donde los recibía un sacerdote con la imagen del dios Quauitlícac, aquel que avisaba a Huitzilopochtli, conforme al mito, por dónde venían avanzando Coyolxauhqui y los centzohuitznahuas para matar a su madre Coatlicue. Después Painal y Quauitlícac iban hacia Tacuba y el barrio de Popotlan de donde pasaban a Chapultepec y por el río Izquitlan. Después pasaban por Iztacalco y Acachinanco. Entre tanto, se hacían escaramuzas guerreras entre los esclavos y los del barrio de Huitznahua. Llegado Painal al templo de Huitzilopochtli, un sacerdote bajaba con un "hachón de teas muy largo" que representaba a la xiuhcóatl o serpiente de fuego, que correspondía al arma de Huitzilopochtli con la que venció a sus hermanos. Esta xiuhcóatl descendía y era arrojada al fuego. Después, otro sacerdote traía a Painal y guiaba a quienes habían de morir hacia lo alto del templo, donde se sacrificaba primero a los cautivos y después a los esclavos, cuyos cuerpos eran arrojados por las escaleras. Las fiestas continuaban varios días más.

Como se ve, la festividad de Panquetzaliztli servía para repetir lo acontecido en el mito. El sacrificio en el juego de pelota; el recorrido por la ciudad acompañado de sacrificios; la presencia de Painal y Quauitlícac; las escaramuzas de guerra en las que participaban los del barrio de Huitznahua; la llegada de la xiuhcóatl o serpiente de fuego, y el repetir con esclavos y guerreros lo que había realizado Huitzilopochtli con Coyolxauhqui, son evidencias claras de la reactualización del mito. Más aún si pensamos que el Templo Mayor del lado del dios de la guerra no es otra cosa que la montaña sagrada de Coatepec, no queda duda alguna de que el mito cobraba plena presencia en esta veintena. Acerca de esto nos dice don Francisco del Paso y Troncoso en su *Descripción, historia y exposición del Códice borbónico* al describir una de las láminas:

> Examinemos la pintura por partes. A la derecha queda el gran templo de Uit-cil-opoxtli, arriba del cual sacrificaban a la esclava: nótese, de todos los que vienen dibujados en nuestro manuscrito pictórico, es el más elevado y de mayores proporciones: a éste se le llamaba Koatépetl o "cerro de la culebra", según lo tengo dicho en otro lugar no solo porque con ese nombre conmemoraban el sitio donde había nacido su numen principal, sino porque a todos estos templos elevados los reputaban cerros.

Cabe recordar, en relación con el lado de Tláloc, cómo Quetzalcóatl, el dios ladrón por excelencia, había robado los huesos de los antepasados del Mictlan para crear al género humano y lo mismo hará, recurriendo a ciertas artimañas, con los granos que los tlaloques guardan celosamente dentro del Tonacatépetl o Cerro de los Mantenimientos, para darlo de alimento a los hombres.

Con todo lo expuesto, pensamos que no hay duda sobre el carácter y simbolismo que encierra el Templo Mayor. Pasemos ahora a ver qué nos enseñan la arqueología y las fuentes históricas con respecto a los demás edificios asentados dentro la plaza principal de Tenochtitlan.

Otros edificios del recinto sagrado

A lo largo de muchos años la arqueología ha ido recuperando información acerca de los vestigios arqueológicos localizados en el interior de la gran plaza o recinto ceremonial. Además de esto, contamos con el relato que nos da Sahagún de los 78 edificios, y dos pictografías que nos ilustran sobre el particular: el plano de Cortés y el de los *Primeros memoriales*. No pocos investigadores pusieron atención en tratar de dilucidar la ubicación y el tamaño de la plaza y es así como tenemos varias versiones, como las de Alfredo Chavero, Leopoldo Batres, A. Maudslay, Roque Ceballos Novelo —que es muy parecida a la del anterior—, Emilio Cuevas, Ignacio Alcocer, dos de Ignacio Marquina y las del Proyecto Templo Mayor. En cuanto a su ubicación, que aún a principios del siglo XX se discutía, no tenemos la menor duda después de las excavaciones del Templo Mayor y aun antes; en lo que a sus dimensiones se refiere, trabajos recientes del Programa de Arqueología Urbana han permitido pensar que tuvo poco más de 400 m por lado, si bien persisten algunas dudas que deberán resolverse en la medida en que se excave el área.

Empezaremos este tema acercándonos a las tres vertientes que nos proporcionan información: las pictografías, los datos de Sahagún y la arqueología, acudiendo a una u otra según sea el caso. En primer lugar haremos una reflexión sobre las pictografías mencionadas. En ambos planos vemos la plaza principal y algunos edificios en su interior. Destaca por su importancia el Templo Mayor. Sin embargo, quiero hacer notar que en el plano de Cortés hubo un error que, pienso, se cometió al momento de hacer el grabado en madera. Se acostumbraba tallar los alrededores de la figura y la parte central se hacía aparte, para después ensamblarla. Parece ser que la plaza principal de Tenochtitlan se talló por separado, lo que llevó a colocarla al revés al momento de insertarla en todo el conjunto. En efecto, si vemos la posición que guarda el Templo Mayor, éste aparece con su fachada principal viendo hacia el oriente, aunque en realidad estaba hacia el poniente. También sabemos que el tzompantli o "lugar para cráneos" estaba frente al Templo Mayor hacia el poniente, y aquí aparece en el oriente. Si colocamos en su correcta posición el recinto ceremonial, es decir con el Templo Mayor orientado hacia el poniente, entonces vemos que los demás edificios también ocupan su correcto lugar dentro de la plaza. Colocado así, vemos el Templo Mayor con sus dos escaleras y adoratorios de la parte alta y detrás de ellos aparece el Sol por el oriente, lo cual es correcto. Encima del Templo Mayor se lee una frase en latín que dice *Templun ubi sacrificant.* Al norte del Templo Mayor vemos un tzompantli que bien puede ser el que encontramos correspondiente a la etapa VI y que se encuentra justo al norte del templo. Al sur está otro edificio que interpretamos como el de Tezcatlipoca con su fachada principal viendo, al igual que el Templo Mayor, hacia el poniente, tal como se ha localizado su escalinata arqueológicamente debajo del edificio colonial del ex Arzobispado en la calle de Moneda. Frente al Templo Mayor tenemos la figura de un personaje decapitado y se lee sobre él la frase *Idol lapideum,* con lo cual podemos decir que se trata de la escultura de Coyolxauhqui decapitada, como lo han visto otros autores, entre ellos Dominique Gresle-Pouligny quien hace aportaciones interesantes. Al norte de la figura hay lo que parece ser un bosquecillo y al norte de él hay un edificio con tres puertas que pensamos corresponde al encontrado debajo del edificio de los Marqueses del Apartado descrito por Jesús Galindo y Villa, pues guarda la misma orientación hacia el sur. Frente al ídolo decapitado se encuentra un tzompantli de mayores dimensiones que el anterior, que correspondería al que debió de estar junto al juego de pelota principal o Teotlachco, que Sahagún menciona en su descripción. Puede leerse una inscripción que no deja dudas de que se trata del tzompantli: *Capita Sacrificatorum*. A ambos lados del tzompantli hay un edificio, siendo el del lado sur la posible representación del Templo del Sol, localizado arqueológicamente debajo del Sagrario de la Catedral. El del lado norte podría, quizá, ser el *Calmécac* que Marquina, en su estudio del recinto sagrado, ubica en esa posición. Para terminar diremos que al revisar nuevamente el plano nos percatamos de que, orientado correctamente, la puerta que da salida a la calzada de Tacuba se encuentra desplazada un poco hacia el sur. Pues resulta que si observamos la actual calle de Tacuba en relación con el Templo Mayor, en efecto la calzada desembocaba frente al adoratorio de Huitzilopochtli, cosa que siempre llamó nuestra atención desde que comenzó el Proyecto Templo Mayor.

Pasemos ahora al plano de Sahagún de los *Primeros memoriales*. En él se muestran nueve edificios y cinco figuras humanas dentro del recinto limitado por la gran plataforma. Algunos de los edificios son fácilmente identificables, como es el caso del Templo Mayor con sus dos escalinatas y los adoratorios de la parte superior. A ambos lados del edificio hay figuras: la del lado norte está sentada y en una de las manos lleva una rodela, además de estar asociada al glifo "5-lagartija". Precisamente al norte del Templo Mayor encontramos una escultura de un guerrero pintado de azul que tiene en su espalda este numeral, lo que nos ha llevado a pensar que se trata de esta pieza. La figura del sur también está sentada con rodela y tiene el numeral "5-Calli". Detrás del Templo Mayor hay un adoratorio con el dios Huitzilopochtli en su interior, que no hemos podido interpretar. Frente al Templo Mayor está un pequeño adoratorio y encima de él un personaje con un sahumador en mano y en la otra una bolsa. Quizá se trate de uno de los adoratorios que describe Batres en sus excavaciones en la calle de las Escalerillas. Hacia el poniente vemos un tzompantli que puede corresponder a uno de los cuatro mencionados por Sahagún y que también está en el plano de Cortés, además de que se reportó una estructura de este tipo durante las excavaciones del Metro. A esto hay que agregar lo que señala Batres cuando dice que encontró cerca de este lugar "muchos fragmentos de cráneo y otros huesos humanos". Sigue el juego de pelota o *teotlachco* (juego de los dioses), que puede ser uno de los dos mencionados por el franciscano. Dice el fraile que "el trigésimo noveno edificio se llamaba Teotlachco; éste era un juego de pelota que estaba en el mismo templo; aquí mataban unos cautivos que llamaban *amapanme* en la fiesta de Panquetzaliztli".

Nos inclinamos a pensar que se trata de este juego por la referencia a la fiesta de Huitzilopochtli (Panquetzaliztli) y la muerte de cautivos en honor de Amápam, además de la cercanía del Hueytzompantli o "lugar para cráneos". La orientación del juego es este-oeste, lo que concuerda con la cancha localizada debajo del ábside de la Catedral y de la Capilla de Ánimas por el Programa de Arqueología Urbana que guarda esa orientación y donde se encontraron ofrendas con elementos asociados al juego, entre ellos pelotas de hule. También Batres había encontrado, el 28 y 29 de noviembre de 1900, un total de seis esferas de piedra, una de ellas de alrededor de medio metro de alto y otras pintadas en rojo y azul. Más aún, con los trabajos de rescate del Metro en 1967 se encontraron dos maquetas de juegos de pelota en piedra, con dos pelotas, una de color blanco y la otra negra, que bien pudieran simbolizar la noche y el día en su lucha constante, que es lo que simboliza el juego de pelota. Con los datos obtenidos podemos considerar que el juego tuvo una longitud de alrededor de 50 m con varias superposiciones y consistía en una banqueta en talud o inclinada con un piso horizontal que la unía a los muros laterales también con talud. De esta manera, tanto las pictografías como los datos del cronista y la arqueología no dejan lugar a dudas sobre el lugar que ocuparon tanto el tzompantli como la cancha del juego de pelota y la correcta orientación que éste tuvo.

Del lado sur de las estructuras descritas tenemos la presencia de dos edificios cuyas fachadas principales miran hacia el oriente. Uno de ellos tiene el *temalácatl,* piedra circular con una soga en medio que servía para atar a un prisionero para que peleara en la fiesta de Tlacaxipehualiztli en honor de Xipe Tótec, en contra de guerreros aztecas perfectamente armados. Quizá se trata del templo al Sol que se ubicaría frente al de Tezcatlipoca. Este último se ha encontrado al sur del Templo Mayor y tiene la misma orientación, es decir, que mira hacia el poniente y del cual se ha detectado la escalera que así lo atestigua y otros vestigios que han permitido calcular que, en una de sus etapas constructivas, el edificio de Tezcatlipoca llegó a tener hasta 65 m por lado, además de que había frente a él una piedra o temalácatl que tiene a su alrededor los triunfos de Moctezuma I y encima la imagen del Sol, lo cual puede observarse en el texto *La Piedra del Sol*. El otro edificio que en el plano se ubica más al poniente, pudiera ser uno de los tres grandes basamentos localizados durante las excavaciones de rescate del Programa de Arqueología Urbana debajo de la entrada principal de la Catedral.

Al norte del juego de pelota y del tzompantli hay otros dos edificios. Uno de ellos tiene dos puertas de acceso y pudiera corresponder a la estructura excavada en 1901 debajo del edificio de los Marqueses del Apartado, en la esquina de Donceles y Argentina, mencionada por Galindo y Villa, y frente al cual se encontraron tres esculturas: un felino, una cabeza de serpiente y más recientemente un águila. Nos inclinamos por pensar que se trata de este edificio, dada la ubicación y la orientación de su fachada hacia el sur, tal como ocurre con los restos encontrados. Junto a él hay otro adoratorio que no ha sido localizado arqueológicamente.

Por su parte, la arqueología ha permitido encontrar gran cantidad de vestigios dentro de los límites del recinto ceremonial. Un rápido recuento de ellos nos permitirá ver que, hasta el momento, se han recuperado presencias en ocasiones parciales o totales de estructuras arquitectónicas que llegan por lo menos a 40 de ellas, por lo que pensamos que no estaba lejos Sahagún cuando describió hasta 78 edificios, ya que hay que tomar en cuenta que la parte norte del recinto o gran plaza ha sido menos excavada que la del centro o que la del lado sur. Así, tenemos que debajo de la Catedral, que ocupa el ángulo sureste del recinto ceremonial, se han localizado por lo menos 12 edificios entre pequeños adoratorios y grandes estructuras, entre ellos un templo que por sus características parece ser el dedicado al dios del viento, Ehécatl-Quetzalcóatl, pues tiene su parte posterior redonda y su fachada viendo hacia el oriente. Hay que aclarar que se considera que este templo se encontraba justo enfrente del templo de Huitzilopochtli, mientras que el que describimos está desplazado más al sur. Sin embargo, durante los trabajos del Metro en la década de los sesenta se encontró parte de un templo circular que ve al oriente, justo enfrente del Templo Mayor del lado de Huitzilopochtli, al que se denominó estructura D. También resulta interesante constatar que Batres informa que el 16 de octubre de 1900 encontró en la calle de las Escalerillas, frente al Templo Mayor, cuatro peldaños y al pie de ellos dos esculturas del dios del viento acompañadas de ollas, sahumadores policromados y caracoles. Bien pudiera tratarse de la escalinata correspondiente al templo circular antes mencionado. Batres piensa que se puede tratar del templo a Ehécatl: "los jeroglíficos de los sahumadores policromos [...] unidos a las dos estatuas de Ehécatl [...] nos dicen que allí existía el templo del dios del aire".

No olvidemos, conforme a esta referencia, que en el plano de los *Primeros memoriales* se encuentra un templete con un personaje que lleva un sahumador en la mano, como antes se dijo, por lo que bien pudiera tratarse de este edificio.

Otro edificio es el dedicado a Xochipilli. Se encontró durante las obras del Metro en el extremo poniente del recinto ceremonial muy cerca de la esquina de las calles de Brasil y Guatemala, al que se denominó estructura H. Años atrás, Batres había encontrado en ese lugar la conocida estatua de Xochipilli asociada a un buen número de instrumentos musicales como sonajas, *teponaxtles*, flautas, carapachos de tortugas, etc. Lo mismo ocurre en el interior del Templo Rojo del sur, que también Olmedo ha interpretado como dedicado al mismo dios.

Ya hemos hecho referencia a la Casa de las Águilas al norte del Templo Mayor. Pues bien, al sur del principal templo azteca también

LUMBRERAS

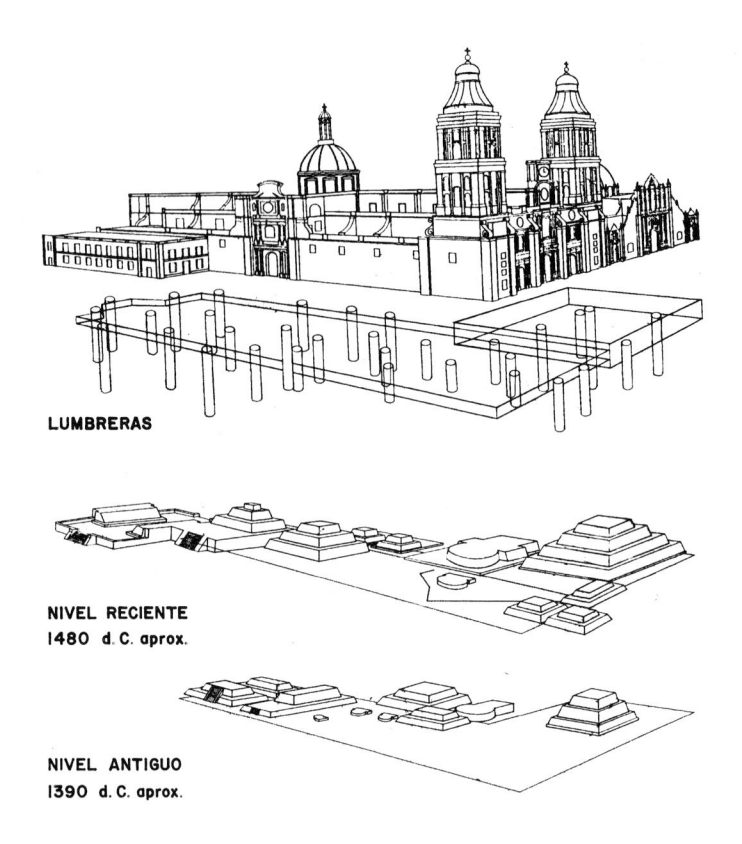

NIVEL RECIENTE
1480 d. C. aprox.

NIVEL ANTIGUO
1390 d. C. aprox.

Lámina 16. Excavaciones debajo de la Catedral de México a través de pozos o lumbreras, que detectaron diversos edificios.

se encontró parte de otra estructura equivalente a la primera y que pensamos que estuvo dedicada a los guerreros jaguares. Tiene banquetas con adorno de petatillo. De los edificios localizados del lado norte del Templo Mayor ya hemos citado algunos de ellos, por lo que sólo resta mencionar un pequeño adoratorio de cerca de 6 m de largo orientado hacia el este, con restos de talud y tablero, encontrándose sobre el primero la pintura mural consistente en un rostro del dios Tláloc con tres grandes dientes blancos, la nariguera característica del dios y otros elementos. Se excavó en 1964 al norte de la

Casa de las Águilas. También hay un muro que tiene 3.40 m de altura y corre de este a oeste, ve hacia el norte y tiene su escalinata por el lado poniente, localizado en 1996 en la calle de Luis González Obregón 25. También se han excavado vestigios en la calle de Donceles, y a principios del siglo xx se descubrieron vestigios de pisos y otros elementos en el costado poniente de la Catedral, donde se encontraba el mercado o Portal de las Flores.

Con todo lo anterior hemos dado un panorama general de los vestigios arqueológicos encontrados hasta el momento dentro del recinto ceremonial de Tenochtitlan. Para ello hemos acudido a tres fuentes que nos permiten acercarnos a las características del lugar de habitación de los dioses: la arqueología, los relatos de los cronistas y las pictografías. Esto nos lleva a una conclusión importante: en el caso del Templo Mayor y de otras estructuras mexicas el dato proporcionado por los cronistas, ya por escrito, ya en pinturas, se apega estrechamente a los restos arqueológicos. Quizá otros casos deben ser tomados con prudencia, pues pudo haber exageración del cronista o distorsión de lo observado, pero aquí se trataba del espacio sagrado, por lo que, pensamos, buen cuidado tuvieron los frailes de describir con atención cada monumento y los cronistas soldados de detallarlos al informarle de ellos al rey de España.

V. El espacio profano o la habitación de los hombres

El 8 de noviembre de 1519 entraron los españoles a la ciudad de Tenochtitlan. La impresión que les causó la urbe asentada en medio del lago y las enormes calzadas que a ella conducían fue motivo de enorme sorpresa para quienes, con palabras no exentas de admiración, dejaron escrito lo que sus ojos veían y comparaban con lo que les era común allá en España. Bernal Díaz del Castillo habla así cuando el valle de México, las ciudades ribereñas y la misma Tenochtitlan aparecen ante sus ojos:

> […] y desde que vimos tantas ciudades y villas pobladas en el agua, y en tierra firme otras grandes poblaciones, y aquella calzada tan derecha y por nivel como iba a México, nos quedamos admirados, y decíamos que parecía a las cosas de encantamiento que cuentan en el libro de Amadís, por las grandes torres y cúes y edificios que tenían dentro en el agua, y todos de calicanto. Algunos de nuestros soldados decían que si aquello que veían, si era entre sueños, y no es de maravillar que yo lo escriba aquí de esta manera, porque hay mucho que ponderar en ello que no sé cómo lo cuente, ver cosas nunca oídas, ni vistas, ni aún soñadas, como veíamos.

No se queda atrás el capitán Hernán Cortés cuando en su segunda *Carta de relación* informa al rey de España acerca de la ciudad de Tenochtitlan:

> La cual ciudad es tan grande y de tanta admiración, que aunque mucho de lo que della podría decir deje, lo poco que diré creo es casi increíble, porque es muy mayor que Granada, y muy más fuerte, y de tan buenos edificios y de muy muchas más gente que Granada tenía al tiempo que se ganó, y muy mejor abastecida de las cosas de la tierra […]

Pero vayamos por partes. Iniciaremos nuestro recorrido por la ciudad recordando su carácter lacustre, su distribución interna y las características de las diversas construcciones que la componían, desde la habitación de los nobles hasta la casa del artesano o el campesino de una ciudad que durante cerca de dos siglos llegó a albergar una importante población y señoreó el centro de México y otras regiones de la antigua Mesoamérica.

Planificación de Tenochtitlan

La ciudad de Tenochtitlan se planificó con base en la imagen del cosmos. Ya se dijo cómo el movimiento solar es el que prevalece para la orientación de ésta hacia el poniente y el centro está ocupado por el espacio sagrado. También señalamos la manera cómo, desde un principio, la ciudad se divide en cuatro barrios o *calpullis* que a medida que la urbe crece irán aumentando. No hay que olvidar que el calpulli es la unidad que agrupa a determinadas personas o señores de antiguos linajes que poseían tierras dentro de las que estaban numerosas familias de gente del pueblo que se identificaban con su calpulli y servían al señor de éste. Los cuatro barrios tuvieron como parte de sus límites las grandes calzadas que unían con tierra firme: la del Tepeyac al norte; la de Iztapalapa al sur; la de Tacuba al poniente y otra de menores dimensiones al oriente, por lo que esos ejes sirvieron para darle a la ciudad una forma de flor de cuatro pétalos. Con la conquista, los calpulli recibieron nombres cristianos y se ubicaban de la siguiente manera: el ángulo noreste San Sebastián Atzacoalco; en el noroeste Santa María Cuepopan y un poco más al norte la ciudad de Tlatelolco; en el sureste San Pablo Zoquiapan y al suroeste San Juan Moyotlan.

Salvo el plano que manda hacer Cortés de la ciudad de Tenochtitlan y ciudades ribereñas y el mal llamado Plano de Maguey, no se conoce ningún otro plano de la ciudad prehispánica o de una parte de ella. Del primero se derivó un buen número de planos, como el del Conquistador Anónimo, el de Benedetto Bordone, Pierre

Bertius y otros que copiaron y tomaron como base el de 1524. El de Upsala y otros más corresponden ya a la ciudad colonial.

Si vemos con detenimiento el plano de Cortés podemos notar claramente el carácter lacustre de la ciudad. Las grandes calzadas estaban hechas en trechos en los que una parte se asentaba con pilotes, piedra y tierra en las profundidades del lago y otra era a manera de puente, lo que no dejaba de tener un carácter estratégico que se convertía en un arma de dos filos. Por un lado, para atacar a la ciudad se tenía que avanzar por las calzadas, las que una vez quitado el tramo de puente impedían el paso del enemigo. La otra manera era hacerlo por agua con el uso de canoas. Retirar los puentes de las calzadas podía ser altamente riesgoso, pues la ciudad podía quedar incomunicada y ser fácil presa de sus enemigos. Ya veremos en el último capítulo lo que ocurrió al momento de la conquista española. También puede apreciarse que hay canales mayores que penetran en la ciudad y están cruzados por puentes angostos sobre el agua, indicados con dos líneas paralelas. Se puede ver el acueducto que viene de Chapultepec y corre sobre la calzada de Tacuba para abastecer de agua potable a la ciudad. En lo que se refiere a las calzadas, la única que no tenía puentes, por lo que se observa en el mapa y por la descripción que de ella se hace, era la de Iztapalapa, que Bernal Díaz nos describe así:

> Ibamos por nuestra calzada adelante, la cual es ancha de ocho pasos, y va tan derecha a la ciudad de México, que me parece que no se torcía poco ni mucho, y aunque es bien ancha, toda iba llena de aquellas gentes que no cabían, unos que entraban en México y otros que salían, y los indios que nos venían a ver, que no nos podíamos rodear de tantos como vinieron, porque estaban llenas las torres y cúes y en las canoas y de todas partes de la laguna, y no era cosa de maravillar, porque jamás habían visto caballos ni hombres como nosotros.

Entre las casas destacan algunos edificios de mayor altura que seguramente representaban templos dentro de los calpulli o la casa de algún principal del barrio. Se ve la casa de Axayácatl, en donde se alojaron los españoles mientras estuvieron en Tenochtitlan, cerca de la esquina suroeste del recinto ceremonial, así como el palacio de Moctezuma al sur del límite del recinto mismo. Detrás del palacio se aprecia lo que podían ser los jardines y muy cerca de allí el zoológico indicado por cuadretes con aves y animales en cada uno de ellos. Frente al palacio y al sur del gran recinto ceremonial tenemos una plaza de buen tamaño que correspondería, en parte, a lo que hoy es el Zócalo de la actual ciudad de México. En ocasiones hay lo que parecen ser jardines arbolados que muestran la presencia de espacios verdes en determinados lugares de la ciudad. Por su parte, la ciudad de Tlatelolco tiene su espacio sagrado con cuatro calzadas, aunque de menores dimensiones que las de Tenochtitlan. Todo esto concuerda con la descripción que los cronistas nos han dejado de la ciudad y pensamos que este plano fue hecho para ser enviado al rey de España, por lo que buen cuidado pondrían en su elaboración quienes a ello se abocaron.

La descripción que nos ha dejado Bernal Díaz del momento en que los españoles salen a recorrer la ciudad y suben al Templo Mayor de Tlatelolco se apega mucho a lo que vemos en el plano. Dice así el soldado:

> [...] aquel grande y maldito templo estaba tan alto que todo lo señoreaba muy bien; y allí vimos las tres calzadas que entran en México, que es la de Istapalapa, que fue por la que entramos cuatro días hacía, y la de Tacuba, que fue por donde después salimos huyendo la noche de nuestro gran desbarate [...] y la de Tepeaquilla. Y veíamos el agua dulce que venía de Chapultepec, de que se proveía la ciudad, y en aquellas calzadas, las puentes que tenían hechas de trecho a trecho, por donde entraba y salía el agua de la laguna de una parte a otra; y veíamos en aquella gran laguna tanta multitud de canoas, unas que venían con bastimentos y otras que volvían con carga y mercaderías; y veíamos que cada casa de aquella gran ciudad, y de todas las demás ciudades que estaban pobladas en el agua, de casa a casa no se pasaba sino por unas puentes levadizas que tenían hechas de madera, o en canoas; y veíamos en aquellas ciudades cúes y adoratorios a manera de torres y fortalezas,

y todas blanqueando, que era cosa de admiración, y las casas de azoteas, y en las calzadas otras torrecillas y adoratorios que eran como fortalezas.

No podemos terminar esta introducción del impacto que la ciudad y sus alrededores causaron en los recién llegados sin las palabras de Cortés en su *Segunda carta de relación,* en la que cuenta sus impresiones al rey de España. Dice así el capitán español:

> Esta gran ciudad de Temixtitan está fundada en esta laguna salada, y desde la tierra firme hasta el cuerpo de la dicha ciudad, por cualquier parte que quisieren entrar a ella, hay dos leguas. Tiene cuatro entradas, todas de calzada hecha a mano, tan ancha como dos lanzas jinetas. Es tan grande la ciudad como Sevilla y Córdoba. Son las calles della, digo las principales, muy anchas y muy derechas, y algunas destas y todas las demás son la mitad de tierra, y por la otra mitad es agua, por la cual endan en sus canoas, y todas las calles de trecho a trecho están abiertas por do atraviese el agua de las unas a las otras, e en todas estas aberturas, que algunas son muy anchas, hay sus puentes de muy anchas y muy grandes vigas juntas y recias y bien labradas; y tales, que por muchas dellas pueden pasar diez de caballo juntos a la par[...]

La habitación de los nobles

Toca ahora describir cómo eran las casas o palacios de los nobles. Desde que llegaron a Iztapalapa los españoles no daban crédito a lo que observaban. Del palacio donde los reciben nos cuenta Bernal Díaz:

> Y cuando entramos en aquella ciudad de Estapalapa, de la manera de los palacios donde nos aposentaron, de cuán grandes y bien labrados eran, de cantería muy prima, y la madera de cedros y de otros buenos árboles olorosos, con grandes patios y cuartos, cosas muy de ver, y entoldados con paramentos de algodón.

Lámina 17. Palacio del gobernante *(Códice florentino).*

Ya en Tenochtitlan, el relato que nos hace el soldado cronista del palacio de Moctezuma es sumamente ilustrativo acerca de cómo vivía el gobernante máximo. Había habitaciones donde se guardaban códices y anales y otras en que había buen número de armas, entre ellas arcos y flechas, dardos, cuchillos, macanas, lanzas y trajes de guerreros con plumerías y muchas cosas más. Había espacios donde el tlatoani atendía a sus vasallos y lugares para sus servidores y guardias. El zoológico tenía todo tipo de aves y algunas de ellas estaban en estanques, tenía además otros animales, como felinos, venados, zorros, serpientes, etc. y el personal que de ellos se ocupaba. Había habitaciones para mujeres y aposentos para la comida y otros menesteres. En el *Códice mendocino* podemos ver una pintura del palacio visto de frente, donde están dos habitaciones en la parte baja y en una de ellas hay varios individuos dialogando. Una escalera en medio de los dos aposentos conduce a un segundo nivel, donde hay tres cuartos, siendo el del medio donde se encuentra Moctezuma sentado. El interior de todas las habitaciones tiene petates sobre el piso. Hay que señalar que esta pintura es apenas una aproximación al lujo con que vivía el gobernante.

En el *Códice florentino* se han pintado las casas de los nobles. En ellas vemos acabados finos en los dinteles que forman la puerta, así como decorados en la parte superior de la fachada y se encuentran asentadas sobre plataformas. Debió de emplearse piedra, maderas finas y estuco, este último para recubrir los muros tanto exteriores como interiores, los cuales debieron de estar pintados con diversos motivos. La casa de los comerciantes tenía en su interior las cargas de los productos con que comerciaban. La impresión que recibió Cortés quedó plasmada en esta descripción acerca de las casas de los nobles y ricos, además de mencionar algo interesante: que algunos señores vasallos de otras regiones tenían sus casas en Tenochtitlan:

> Hay en esta gran ciudad muchas casas muy buenas y muy grandes, y la causa de haber tantas casas principales es que todos los señores de la tierra vasallos del dicho Muteczuma tienen sus casas en la dicha ciudad, y residen en ella cierto tiempo del año; e además de esto, hay en ella muchos ciudadanos ricos, que tienen asimismo muy buenas casas. Todos ellos, demás de tener muy buenos y grandes aposentamientos, tienen muy gentiles vergeles de flores de diversas maneras, así en los aposentamientos altos como bajos.

De lo que se dice al final de esta cita y de la descripción y pintura del palacio de Moctezuma, podemos pensar que hay referencias a que algunas casas de los principales llegaron a tener hasta dos pisos. Esto no es de extrañar, pues en algunas ciudades mesoamericanas anteriores a la fundación de Tenochtitlan tenemos evidencias claras de que se construyeron dos niveles. Son los casos de El Tajín y Xochicalco, por ejemplo.

La habitación popular

La mayor parte de la población de Tenochtitlan eran personas dedicadas a diferentes oficios y quehaceres y pertenecían a alguno de los calpulli o barrios que conformaban la ciudad. Según los relatos que nos han llegado, había diversos tipos de casas hechas con diferentes materiales: madera, adobe, piedra, carrizos, tierra apisonada… en fin, tanto el lago como las montañas de los alrededores proporcionaban la materia prima utilizada para la construcción de las vi-

Lámina 18. Casas populares hechas de adobe, madera y paja *(Códice florentino)*.

viendas, además de que se podía conseguir en el mercado de Tlatelolco. Son varias las referencias que tenemos acerca de cómo eran las casas de los habitantes de la ciudad, así como de algunas características de ellas. Acudiremos en primer lugar a las pictografías hechas por mano indígena, que nos muestran las características de las viviendas, por lo que de entrada tenemos que descartar el plano de Cortés, ya que éste fue hecho por españoles, y las casas tienen, por obvias razones un toque occidental. Empezaremos con la lámina 1 del *Códice mendocino* en la que se ve la fundación de México-Tenochtitlan con el águila parada sobre el nopal. En el cuadrante que está encima del águila se aprecia una choza sobre una plataforma con sus jambas y dintel para la puerta. El techo pareciera ser de paja. De igual manera se pintaron en el *Códice florentino* de Sahagún, en el que varias casas nos dan datos para saber cómo fueron construidas. En el tomo III, folio 394 anverso y reverso, se ilustran algunas viviendas de gente del pueblo. Dos de ellas están hechas de madera con techos de paja. Las maderas de las esquinas y donde se encuentra la puerta son de mayor grosor y están clavadas en el piso, en tanto que las paredes están hechas de maderas colocadas horizontalmente unas sobre otras y atadas a las piezas mayores. Otras representaciones muestran la casa con una base de piedra y otras más de adobe con el techo de paja. Según el relato de Bernal Díaz, algunas casas tenían azoteas y mamparas.

¿Cómo era la distribución interna de estas viviendas? Quizá en la mayoría de los casos se trataba de una sola habitación, o varias de ellas, dividida en su interior según el tipo de actividad que se

San Juan Yopico

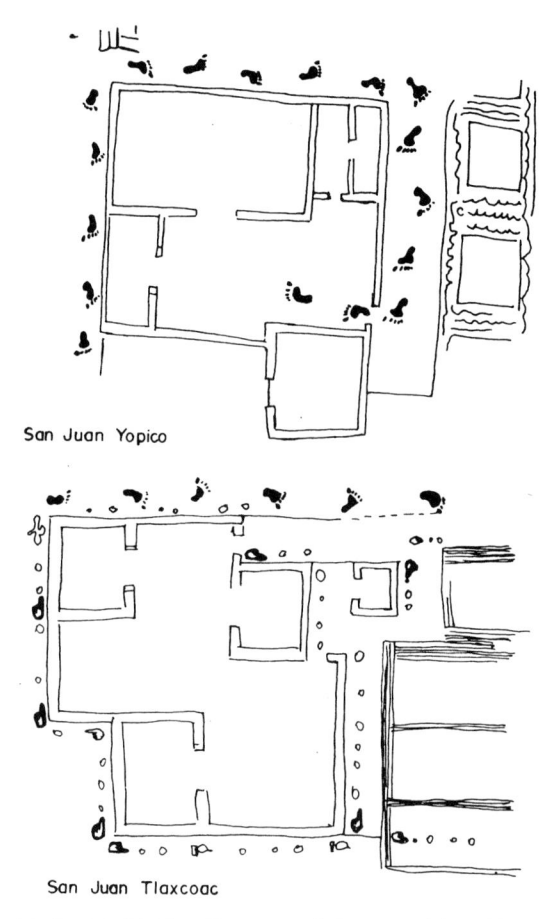

San Juan Tlaxcoac

Lámina 20. Distribución interior de las casas del pueblo.

desarrollara. El fogón era un lugar importante dedicado a la cocina y las otras áreas se destinaban para dormir en esteras, ya que no se menciona el uso de camas, y otra más para comer los alimentos y para el almacenamiento de granos y agua. Tenemos imágenes en el *Códice florentino* y en el *mendocino* del interior de las casas, donde se ve a la familia comiendo sentados en petates, entre ellos a un anciano en el caso del primero (tomo III folio 184 r), o en el caso del

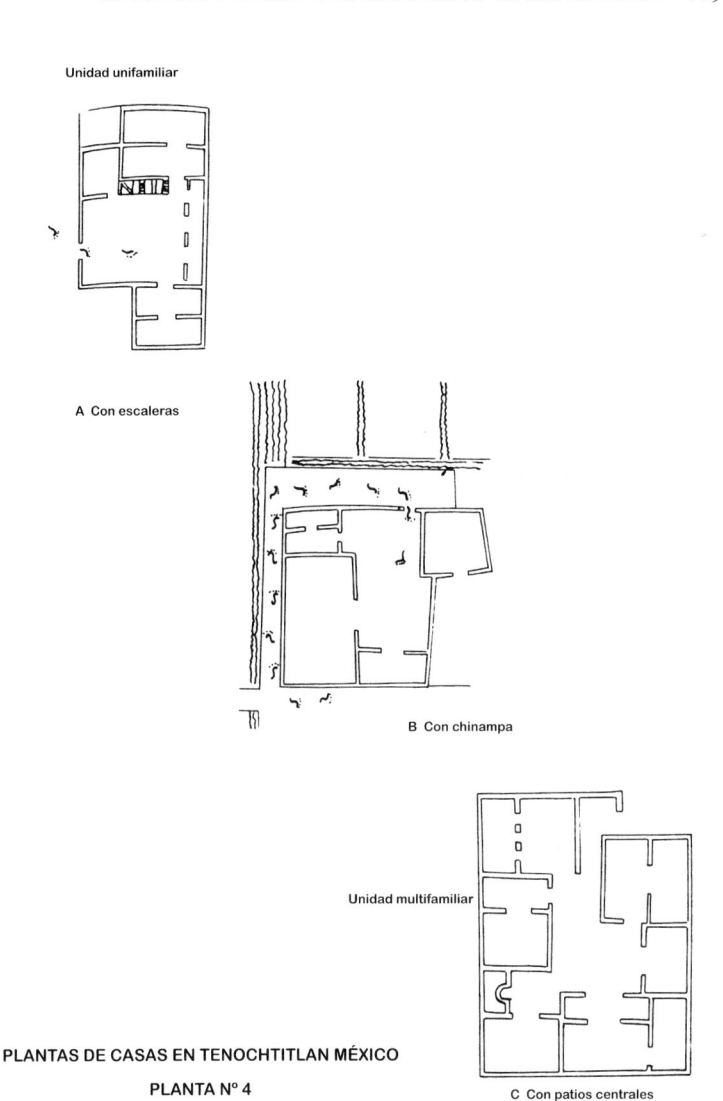

EL ESPACIO PROFANO O LA HABITACIÓN DE LOS HOMBRES 109

Unidad unifamiliar

A Con escaleras

B Con chinampa

Unidad multifamiliar

PLANTAS DE CASAS EN TENOCHTITLAN MÉXICO
PLANTA N° 4

C Con patios centrales

Fuente: Dibujados por Calnek, citados en Hartung Horst, "El ordenamiento espacial en los conjuntos arquitectónicos mesoamericanos", en Revista Comunicaciones, núm. 16, 1979.

Lámina 21. Diversos tipos de habitación de los habitantes de Tenochtitlan.

segundo, un solo acceso o puerta para ingresar a la casa, el fogón al fondo, cerca de él un petate sobre el suelo y a su alrededor platos y vasijas con comida para celebrar la boda de dos jóvenes. Algunas vigas transversales servían tanto en la estructura de la construcción como para colgar de ellas enseres, cunas de los niños y otros implementos. Por cierto que las cunas debieron de hacerse de madera y su representación a menor escala la hemos encontrado en varias ofrendas del Templo Mayor hechas de barro, muy parecidas a las que vemos en los códices ya mencionados. En el exterior podría encontrarse alguna construcción sencilla para guardar animales domésticos y muy posiblemente se contaba con un terreno pequeño destinado para la siembra.

El mercado

Una gran ciudad como Tenochtitlan era un lugar donde el intercambio de productos se daba de manera singular. El mercado constituía el sitio donde concentraban diversos productos, tanto de la gente del lugar como de sitios cercanos a la ciudad y aún de regiones lejanas. El mercado fungía así como lugar de distribución e intercambio que permitía a la población abastecerse de determinados productos e intercambiar unos por otros. Los comerciantes se convirtieron en lo que se ha considerado una clase naciente que llegó a tener un papel importante en la sociedad mexica y que alcanzó un estatus alto dentro ella. Había varios tipos de comerciantes: desde quienes llevaban al mercado el producto de su propio trabajo, como los ceramistas, lapidarios, vendedores de legumbres, herbolarios, cazadores, pescadores, etc., hasta comerciantes ricos que controlaban el mercado a larga distancia y que traían objetos de otras regiones de Mesoamérica. Los comerciantes gozaban de ciertos privilegios, como el de tener sus propios jueces dentro del mercado para que dictaminaran en casos de querellas, robos internos o cualquier otro problema que se presentara, hasta contar con policía propia para defenderse cuando salían a regiones distantes llevando productos para intercambiarlos por otros. Un aspecto importante desde el punto de vista económico era la existencia de determinados objetos que servían como moneda para intercambiar por productos. Se trataba de semillas de cacao, canutillos de plumas llenos de oro en polvo o piedras verdes (chalchiuites). De su uso nos han dejado relato cronistas como Bernal Díaz, quien señala:

> […] metido el oro en unos canutillos delgados de los de ansarones de la tierra, y así blancos porque se pareciese el oro por fuera; y por el largor y gordor de los canutillos tenían entre ellos su cuenta qué tantas mantas o qué xiquipiles de cacao valía, o que esclavos u otra cualquiera cosa a que lo trocaban.

Ya hemos visto la impresión que en los recién llegados causó el valle de México y la ciudad de Tenochtitlan. Sin embargo, algo que llamó poderosamente su atención y así lo dejaron escrito fue la visita que hicieron al mercado de la vecina ciudad de Tlatelolco. Bien sabemos que esta ciudad tuvo especial apego a estos menesteres y que llegaron a destacar de manera prominente en el mercadeo. Inclusive se muestra cómo el destino de sus habitantes estaba preestablecido cuando se habla de que, en algún momento de la llamada peregrinación, se les entregan chalchiuites o piedras verdes que marcan así su destino, en tanto que a los de Tenochtitlan se les deparan los palos con los que se obtenía el fuego. Fue tal la importancia y poder que alcanzaron los mercaderes que no dudamos de que fue esto lo que desató el interés de Tenochtitlan por conquistar, durante el gobierno de Axayácatl, a los tlatelolcas y someterlos a su imperio en el año 1473 d.C.

Pero acompañemos a los conquistadores a visitar el mercado de esta entidad. Tenían como guías a algunos principales dirigentes mexicas que Moctezuma había destinado para la visita. El relato que nos han dejado Bernal Díaz y el mismo Cortés es bastante prolijo, por lo que nos basaremos en el relato del primero de ellos que, aunque resulte un tanto extenso, bien vale la pena escuchar las palabras originales de quienes, absortos, veían con ojos de admiración todo lo que a su alrededor ocurría. Empieza Bernal Díaz por decirnos cómo llegan a la plaza de Tlatelolco y la gran cantidad de gente que había en ella:

> […] quedamos admirados de la multitud de gente y mercaderías que en ella había y del gran concierto y regimiento que en todo tenían […] Cada género de mercaderías estaban por sí, y tenían situados y señalados sus asientos. Comencemos por los mercaderes de oro y plata y piedras ricas, plumas y mantas y cosas labradas, y otras mercaderías de indios esclavos y esclavas […]
>
> Luego estaban otros mercaderes que vendían ropa más basta y algodón y cosas de hilo torcido, y cacahuateros que vendían cacao, y de esta manera estaban cuantos géneros de mercaderías hay en toda la Nueva España, puesto por su concierto, de la manera que hay en mi tierra, que es Medina del Campo, donde se hacen las ferias, que en cada calle están sus mercaderías por sí. Así estaban en esta gran plaza, y los que vendían mantas de henequén y sogas y cotaras, que son los zapatos que calzan y hacen del mismo árbol, y raíces muy dulces cocidas, y otras rebusterías, que sacan del mismo árbol, todo estaba en una parte de la plaza; y cueros de tigres, de leones y de nutrias, y de adives y venados y de otras alimañas y tejones y gatos monteses, de ellos adobados y otros sin adobar, estaban en otra parte, y otros géneros de cosas y mercaderías.
>
> Pasemos adelante y digamos de los que vendían frijoles y chía y otras legumbres y hierbas a otra parte. Vamos a los que vendían gallinas, gallos de papada, conejos, liebres, venados y anadones, perrillos y otras cosas de este arte, a su parte de la plaza. Digamos de las fruteras, de las que vendían cosas cocidas, mazamorreras, y malcocinado, también a su parte. Pues todo género de loza, hecha de mil maneras, desde tinajas grandes y jarrillos chicos, que estaban por sí aparte; también los que vendían miel y melcochas y otras golosinas que hacían como nuégados (muéganos). Pues los que vendían madera, tablas, cunas, vigas, tajos y bancos, y todo por sí.

Más adelante, Bernal se pregunta:

¿Para qué gasto yo tantas palabras de lo que vendían en aquella gran plaza? Porque es para no acabar tan presto de contar por menudo todas las cosas, sino que papel, que en esta tierra llaman amal, y unos cañutos de olores con liquidámbar, llenos de tabaco, y otros ungüentos amarillos y cosas de este arte, vendían por sí; y vendían mucha grana debajo de los portales que estaban en aquella gran plaza. Había muchos herbolarios y mercaderías de otra manera. Y tenían allí sus casas, adonde juzgaban tres jueces y otros como alguaciles ejecutores que miraban las mercaderías.

Se me había olvidado la sal y los que hacían navajas de pedernal, y de cómo las sacaban de la misma piedra. Pues pescaderas y otros que vendían unos panecillos que hacen de uno como lama que cogen de aquella gran laguna, que se cuaja y hacen panes de ello, que tienen un sabor a manera de queso; y vendían hachas de latón, cobre y estaño, y jícaras, y unos jarros muy pintados, hechos de madera. Ya querría haber acabado de decir todas las cosas que allí se vendían, porque eran tantas de diversas calidades, que para que lo acabáramos de ver e inquirir, como la gran plaza estaba llena de tanta gente y toda cercada de portales, en dos días no se viera todo.

¡Realmente debió de ser impresionante observar aquel mundo de gente yendo y viniendo de un lado para otro! Otro aspecto interesante es cuando el conquistador español nos relata que en muchos mercados, ya los de provincia como los de la ciudad, había personas "trabajadores y maestros de todos oficios" en espera de que se les contratara para realizar algún trabajo de su especialidad. ¡Si supiera don Bernal que esto ocurre aún hoy en día en el Zócalo o Plaza Mayor de México!

Transporte y abastecimiento de agua potable

Como se ha podido apreciar, las canoas eran el medio más importante para la comunicación tanto dentro de la ciudad como con otras ciudades ribereñas. Hechas de madera, eran tan estrechas que

Lámina 19. Personas trasportadas en canoas (*Códice florentino*).

resultaban el mejor medio de transporte entre los canales. La arqueología ha encontrado restos de canoas que permiten ver sus características, muy similares, por cierto, a las que vemos pintadas en el *Códice mendocino*. En ellas se transportaba gente de un sitio a otro y también mercancías y materiales. También servían para las labores relacionadas con la pesca en el lago. En ofrendas del Templo Mayor se han encontrado representaciones escultóricas en piedra de pequeñas canoas con todos sus implementos, como el remo, la guía y también arpones hechos con el mismo material, que servían para la pesca.

Entre los servicios indispensables para una ciudad está, desde luego, el agua potable para sus habitantes. Ya dijimos cómo ésta era traída desde Chapultepec y buena relación nos ha dejado Cortés de cómo eran sus dos canales paralelos. Dice el cronista soldado:

> Por la una calzada que a esta gran ciudad entran, vienen dos caños de argamasa, tan anchos como dos pasos cada uno, y tan altos casi como un estado, y por el uno dellos viene un golpe de agua dulce muy buena, del gordor de un cuerpo de hombre, que va a dar al cuerpo de la ciudad, de que se sirven y beben todos. El otro, que va vacío, es para cuando quieren limpiar el otro caño, porque echan por allí el agua en tanto que se limpia; y porque el agua ha de pasar por los puentes, a causa de las

quebradas, por do atraviesa el agua salada, echan la dulce por unas canales tan gruesas como un buey, que son de la longura de las dichas puentes, y así se sirve toda la ciudad.

En la calzada de Tacuba se han encontrado restos arqueológicos del posible acueducto. Así lo reporta el arquitecto Ignacio Alcocer en 1935, en un plano en el que se ven los dos acueductos asentados sobre la calzada, hechos con piedra y argamasa de una altura de 1.80 m y un ancho de 1.60 m con el canal en la parte superior recubierto de estuco. El otro es un acueducto localizado con las obras del Metro en Tacuba cerca de la esquina con San Juan de Letrán, construido igualmente de piedra y con varios pisos superpuestos, lo que indica el mantenimiento que se hacía de ellos.[6]

Ésta era la manera del abastecimiento de agua potable para los habitantes de la ciudad. Pero había el problema de hacerla llegar a las casas que se encontraban junto a los estrechos canales alejadas del centro de la urbe, para lo cual el mismo Cortés nos sigue relatando que había personas dedicadas a repartir el agua. Para esto, las canoas se apostaban debajo de los canales que conducían el agua desde Chapultepec y allí se les abastecía del líquido, que luego repartían a las casas a través de los múltiples canales que atravesaban la ciudad. Del uso de las canoas y del número de ellas —que debieron de ser miles— tenemos constancia en el mismo plano de Cortés, en donde se les ve conducidas por uno, dos y hasta tres remeros, además de la descripción que de ellas se hace en las crónicas ya mencionadas.

Otro medio para transportar piedras, cargas de maíz y otras plantas y cualquier tipo de materiales fue el hombre mismo. No se conocieron en el mundo prehispánico animales de tiro y carga, ya que los más grandes eran los venados, que no eran utilizables para estos trabajos. De gran ayuda resultó ser el *mecapal* o banda que la persona se colocaba sobre la frente, lo que permitía que las manos queda-

---

[6] Ignacio Alcocer, *Apuntes sobre la antigua México-Tenochtitlan*, IPGH, México, 1935. Véase también a Sonia Lombardo, *Desarrollo urbano de México Tenochtitlan*, tesis ENAH, México, 1972, quien reporta un plano del acueducto en la calle de Tacuba, cerca de San Juan de Letrán.

ran libres para ayudar con el peso de los materiales. Muchas personas se preguntan por qué no se utilizaron otros medios de transporte como carretas de madera con ruedas tiradas por hombres. Aunque el principio de la rueda no les era desconocido, prefirieron utilizar la fuerza humana con sogas, poleas y otros medios para transportar grandes piedras para las construcciones y otros materiales pesados.

Cabe señalar que el medio lacustre en el que se asentaban las ciudades de Tenochtitlan y Tlatelolco se convertía en ocasiones en un medio adverso que traía aparejados problemas de inundaciones. Algunas de ellas fueron catastróficas y causaron daños a los asentamientos de las construcciones. Esto provocaba que en no pocas ocasiones se hicieran rellenos de piedra y lodo para subir el nivel de la ciudad. Lo anterior lo hemos podido observar en el Templo Mayor y en algunos edificios aledaños. Para dar una idea de este problema mencionaremos que del piso sobre el que desplantaba la etapa II del templo, cuya construcción se calcula alrededor del año 1390 d.C., y que estaría colocado a cerca de 9 o 10 m de profundidad del actual nivel peatonal de la calle de Argentina, hasta el piso de losas que pisaron los españoles al momento de la conquista, hay una diferencia de por lo menos 8 m. Otro tanto ocurre en el área de Catedral, donde los elementos culturales se han llegado a detectar hasta a 16 m de profundidad. Sin embargo, hay que tomar en consideración que las enormes masas arquitectónicas del Templo Mayor y los edificios principales hacían que el terreno se fuera hundiendo debajo de ellos por el medio lodoso sobre el que estaban asentados.

Todos estos fueron retos que el mexica tuvo que enfrentar para erigir su ciudad. Verdaderas obras de ingeniería, como la de traer el agua potable sobre el lago, fueron una proeza sobresaliente al igual que la construcción del albarradón que separaba las aguas salobres de las dulces. La misma construcción de la ciudad en terrenos pantanosos fue una tarea que movió grandes cantidades de materiales para rellenos, apisonamientos, piloteado etc., de donde cabe preguntarnos ¿quiénes hicieron todo eso?, ¿cómo estaba organizada la sociedad que llevó a cabo tan arduas tareas?, ¿cuál era su economía?

De todo ello hablaremos en el siguiente capítulo.

VI. Los habitantes de la ciudad

Los mexicas eran una sociedad profundamente estratificada. Su población se ha calculado para su momento de esplendor en alrededor de 175 000 habitantes según los últimos estudios realizados por Edward Calnek.[7] Otros autores, como W. Sanders, ya habían estimado una población de entre 170 000 y 200 000 habitantes con base en el cálculo de la producción de las chinampas basado en datos actuales, por lo que ambas cifras coinciden. Independientemente de lo antes dicho, sabemos tanto por las fuentes históricas como por la arqueología que se trataba de una sociedad compleja dividida en dos grandes clases sociales: los *pipiltin*, gente de la nobleza que concentraba cargos importantes, tanto sacerdotales como administrativos y militares; y los *macehualtin* o gente del pueblo, dedicados a diferentes tareas dentro de la producción artesanal y agrícola. Cada una de ellas, a su vez, tenía niveles internos según el quehacer de sus componentes. Por otra parte, ya mencionamos que los habitantes de Tenochtitlan pertenecían a un calpulli o especie de barrio formado por familias de señores descendientes de un linaje antiguo que contaban con tierras que a su vez eran trabajadas por muchas familias de macehuales que tributaban al señor principal del calpulli, siendo éste la unidad fundamental de la sociedad mexica. Del calpulli nos dice don Alonso de Zorita:

> calpulli es singular y calpullec plural destos calpullec o barrios o linajes unos son mayores que otros y tienen más tierras que otros según los antiguos pobladores las repartieron entre sí a cada linaje y son como se ha dicho para sí y para sus descendientes y si alguna cosa se acababa

---

[7] Edward Calnek ha investigado el número de habitantes de Tenochtitlan, calculando esta cifra (ponencia presentada en el Museo Nacional de Antropología en 2002).

quedaban las tierras al común del calpulli y aquel señor o pariente mayor se las daba y da al que las ha menester de los del mismo barrio [...]

Vamos a continuación a adentrarnos en la sociedad de Tenochtitlan no sólo desde la perspectiva de su estratificación social, sino que vamos a tratar acerca de la división del trabajo y los varios tipos de especialistas que había, además de otras características que habrán de darnos una idea de cómo estaban organizados socialmente y de las relaciones que se establecieron entre los diversos grupos de esta sociedad.

Los *pipiltin*

Pipiltin es el plural de *pilli,* que, de acuerdo con la acepción que aquí tiene, se refiere a noble, señor, hidalgo, hombre de calidad. Formaban la clase dirigente y tenían el control de los cargos más elevados. De esta manera, el cargo de gobernante máximo o tlatoani —"el que habla", "el que tiene la palabra", "gobernante"— recaía en un distinguido miembro de la casa real. Antes de la liberación de Azcapotzalco el gobernante era elegido por un consejo en el que intervenían los representantes de los cuatro calpullis o campa y luego se sometía a la aprobación popular. Después de ello, eran los miembros de la nobleza, militares y ancianos quienes lo elegían, además de los señores de Texcoco y Tacuba, quienes intervenían en las deliberaciones. Alonso de Zorita nos ha dejado buena información acerca de qué atributos debían tener aquellos que se elegían para el cargo:

> En defecto de hermanos, o no siendo para ello, elegían un pariente del señor, el más suficiente; y no habiéndolo elegían otro principal, y jamás elegían macehual, que es la gente común o popular, y siempre se tenía en cuenta con elegir de la línea o parentela del señor, si lo había que fuese para ello, y en defecto de éstos elegían otros.

En general se buscaba alguien que reuniera estas características pero también era necesario que tuviera habilidad para el combate, que hubiese sido un guerrero valiente y destacado, y buen conocedor de los principios religiosos, ya que el tlatoani reunía en su persona el carácter de jefe de los ejércitos y gran sacerdote en determinadas ceremonias. Dice Zorita: "Como eran las guerras tan continuas entre ellos, se tenía gran cuenta para la sucesión y para la elección con el que era más valiente, si con esto era hábil para gobernar".

Pero el cargo tenía, además, otras obligaciones que eran propias del tlatoani. Es así como el mismo cronista nos dice que "[...] como supremos y meros señores, tenían la jurisdicción civil y criminal, y toda la gobernación y mando de todas sus provincias y pueblo de donde eran señores".

En pocas palabras, todo el poder recaía en el gobernante y de él dependían muchos aspectos no sólo de su propio pueblo sino también de las provincias sojuzgadas por medio del tributo. A esto habría que agregar la impartición de justicia, el nombramiento de sus colaboradores, la repartición de bienes entre sus súbditos y muchas cosas más. También contaba con tierras propias llamadas *tlatocamilli* que eran trabajadas por el pueblo para beneficio del gobernante en turno. Resultan interesantes las palabras que se le decían al tlatoani una vez entronisado como tal, pues en ellas vemos la atención que se pone en la guerra y en los servicios religiosos. Antes de esto se le llevaba al templo y se le subía a la parte alta, donde se le colocaban dos capas, una azul y otra negra, decoradas con cráneos y huesos para recordarle que, como hombre, habría de morir, según fray Toribio de Benavente, citado por Alonso Zorita.

Las palabras que se le dirigían eran las siguientes:

> [...] habéis de tener gran cuidado de las cosas de la guerra y habéis de velar y procurar de castigar los delincuentes así a los señores como los demás y corregir y emendar los inobedientes habéis de tener muy especial cuidado del servicio de dios y de sus templos y que no haya falta en todo lo necesario para los sacrificios [...].

Había entre los pilli algunos rangos internos, entre los que podemos mencionar a los *tectecutzin* o *teules*. Lograban merecimientos por servicios destacados prestados al imperio, especialmente en la guerra, y sus casas se llamaban *teccalli*, que significa "casa del señor" y contaban con gente a su servicio. Zorita lo compara con las encomiendas españolas y aclara que no se heredaban de padre a hijo, sino que se veía quiénes tenían derecho a ello y los hijos que no tenían merecimientos quedaban como pilli o pertenecientes a la nobleza:

> Estos señores tenían a su cargo mandar labrar las sementeras para ellos y para los mismos particulares y tenían para ello sus ministros y tenían asimismo cuidado de mirar y volver y hablar por la gente que era a su cargo y defenderlos y ampararlos por manera que estos señores eran y se proveyan también para pro del común como del señor a quien se daba este señorío.
>
> Muerto alguno destos señores los supremos hacían m[erce]d de aquella dignidad a quien lo merecía por servicios como está dicho y no sucedía hijo a padre si de nuevo no lo promovían a ello y siempre los supremos tenían cuenta con ellos para los promover antes que a otros si lo merecían y si no quedaban pilles que son principales o hidalgos a su modo.

Es importante señalar que quienes destacaban de manera sobresaliente en la guerra podían integrarse a este grupo, aunque provinieran de la gente del pueblo o macehuales. Esto permitía cierta forma de movilidad social, pues se alcanzaban los privilegios que los nobles tenían.

Un tercer grupo eran los llamados *calpullec* o *chinancallec,* en plural, que eran los señores o "cabezas o parientes mayores que vienen de muy antiguo", según Zorita, que contaban con tierras a las que pertenecían diversas familias de macehuales, y que podían entregar en herencia a sus hijos para trabajarlas y pagar tributo y servicios al señor del calpulli. Recuérdese que estas tierras del calpulli no podían darse a personas ajenas a él.

En realidad, ambas organizaciones eran muy parecidas, como lo advierte Hildeberto Martínez en su ensayo sobre el calpulli y el teccalli. La diferencia estriba en que los señores del calpulli descendían del linaje de los primeros pobladores de Tenochtitlan en tanto que los otros alcanzaban dignidades aún sin ser de la nobleza y no podían heredar a sus hijos si no lo consideraban así los principales, por lo que podían ser transferidas a otras personas con mayor merecimiento.

Un cuarto grupo era en general, los *pipilcin* que, según Zorita, pertenecían a la nobleza y eran a manera de "caballeros" o gente de linaje y a los hijos de los señores principales llamaban *tlacopipilcin*. Podían prestar diversos servicios al señor principal como ir de embajadores, impartir justicia en determinados casos o ser *calpixques* o recaudadores del tributo real.

No podemos terminar esta lista sin mencionar a los sacerdotes de alto rango. Es evidente que en los sacerdotes descansaba todo el aspecto ideológico de la sociedad mexica. A esto se unía el ser intermediarios entre los dioses y los hombres y ser poseedores del conocimiento astronómico, conocer los cambios a lo largo del año, leer e interpretar los códices y el *tonalámatl* o cuenta de los días. De ellos dependía la buena cosecha y el triunfo en la guerra al saber cómo mantener en equilibrio a los dioses. En pocas palabras, eran quienes tenían el monopolio del conocimiento. Los cargos más elevados debieron de corresponder, por todas estas razones, a miembros de la nobleza que se preparaban en el culto a los dioses. Sahagún menciona muchos cargos dentro de la jerarquía sacerdotal. Sin embargo, señala cómo uno de los más altos dignatarios era el mexica *teohuatzin*, quien tenía a su cargo a otros sacerdotes menores y era responsable de que todas las cosas del culto, tanto en Tenochtitlan como en las provincias sujetas, se hiciesen con "diligencia y perfección". También veía lo relativo a la enseñanza en el Calmécac, al igual que lo hacía otro sacerdote: el *tepan teohuatzin*.

Todos los miembros de la nobleza gozaban de ciertas prerrogativas dentro de la sociedad mexica. Una de las principales era la de no pagar tributo al soberano, cosa que sí tenían que hacer los macehuales, como veremos en su oportunidad. Otra era que podían estudiar y prepararse en escuelas especiales para ellos como el Calmécac, donde conocían diversas artes y oficios que los preparaba para desempeñar con habilidad sus cargos. De esto dice León-Portilla:

> Allí estudiaban, entre otras cosas, el arte del buen hablar, los teocuícatl y teotlahtolli, cantos y discursos divinos, los sistemas calendáricos, la sabiduría contenida en los libros y el recuerdo de la tradición y la historia. En una palabra, allí eran preparados para ejercer los cargos que competían a su rango. Unos habrían de destinarse a las altas jerarquías del sacerdocio, la administración pública, la impartición de justicia, la enseñanza, el mando de los ejércitos o el gobierno de señoríos sometidos.

Otros privilegios eran el no estar obligados a trabajar la tierra; solamente los miembros de la nobleza podían contar con tierras propias; eran empleados preferencialmente para cargos públicos; tenían tribunales exclusivos para los nobles; podían tener varias mujeres y podían usar determinados distintivos en su atavío.

Los *pochteca* o comerciantes

Los comerciantes habían ido adquiriendo un poder enorme dentro de la sociedad. Si en un principio su importancia fue muy relativa, al paso del tiempo y después de la liberación de Azcapotzalco se convirtieron en un grupo en ascenso que tenía relaciones directas con el tlatoani y gozaba de prerrogativas dentro del todo social. Nos referimos, desde luego, al comerciante rico que llevaba y traía productos de provincias lejanas y contaba con personal de carga para el transporte de los materiales y gente de vigilancia para no ser asaltados en el camino. A diferencia de éstos, estaban los mercaderes que vendían sus productos, en ocasiones elaborados por ellos mismos, en los tianguis o mercados como el de Tlatelolco. Ya dijimos que fue Tlatelolco el lugar que se destacó en el comercio y nos relata Sahagún cómo en un principio y bajo el gobierno de Cuacuapitzáhuac dos mercaderes empezaron con este trabajo trayendo plumas de papagayos de tres tipos diferentes. Posteriormente y ya bajo el mando de otros tlatoani de Tlatelolco empezó a tomar auge el comercio con diversas regiones con las que intercambiaban piedras verdes, turquesas, mantas de algodón y más tarde se comerció con piezas de oro, pieles de animales, plumas ricas, huipiles y mantas labradas, todo ello en mayor abundancia que antes.

Los comerciantes llevaban productos propios y del gobernante, lo que les daba cierto acceso al trato con los dirigentes y muy especialmente con los nobles, pues eran éstos los que consumían los productos que eran traídos de lejanas provincias. Daban grandes banquetes y contaban con personal propio, además de tener el poder de declarar la guerra y contar con jueces en los mercados. Sin embargo, uno de los principales servicios que prestaban a la corona era el de actuar como espías. En efecto, tenían así un doble carácter: ser mercaderes y a la vez espías encubiertos. Sahagún nos ha dejado relato de ambas actividades:

> Los dichos mercaderes de Tlatilulco se llaman también capitanes y soldados disimulados en hábito de mercaderes, que discurren por todas partes, que cercan y dan guerra a las provincias y pueblos.
>
> […]
>
> Cuando quiera que el señor de México quería enviar a los mercaderes, que eran capitanes y soldados disimulados, a alguna provincia para que la atalayasen, llamábamos a su casa y hablábales acerca de lo que quería se hiciese.

Otro texto más nos aclara la manera en que actuaban para no ser reconocidos por los lugareños: "[…] antes que se conquistase la provincia de Tzinacatlan los mercaderes mexicanos que entraban a tratar en aquella provincia disimulados, tomaban el traje y lenguaje de la misma provincia, y con esto trataban entre ellos sin ser conocidos por mexicanos".

Antes de partir y a su regreso del viaje hacían ceremonias a distintos dioses, entre los que se encontraba Yacatecuhtli, dios de los mercaderes. La partida se planeaba escogiendo un día propicio. Pese al estatus que habían adquirido, los comerciantes tenían que entregar un tributo al gobernante, consistente fundamentalmente en productos de los que traían de tierras lejanas.

Los *macehualtin*

En general, con este nombre se conocía a la gente del pueblo que conformaba el grueso de la población. Los macehuales pertenecían a un determinado calpulli y en él desarrollaban su trabajo. Había una enorme gama de especialistas dedicados a la elaboración de diversos productos: alfareros, textileros, *amantecas* o trabajadores de la pluma, orfebres, carpinteros, lapidarios, etc. y, desde luego, los agricultores dedicados a la siembra de diferentes productos agrícolas. El doctor Pedro Carrasco nos habla de las distintas actividades que desempeñaban y del tributo que tenían que pagar:

> El promedio de los macehualtin practicaba actividades diversas para su propio consumo. "En cualquier parte —dice Toribio de Benavente— hallan estos indios con qué cortar, con qué atar, con qué coser, con qué sacar lumbre… Todos saben labrar una piedra, hacer una casa simple, torcer un cordel e una soga, e otros oficios que no demandan sotiles instrumentos o mucha arte." Había, sin embargo, artesanos especializados que producían para el mercado y que tributaban en especie o en trabajo conforme a su oficio. En algunos casos los artesanos de cada oficio, separados de los labradores por sus barrios, estaban organizados en cuadrillas de especialistas para la aportación de tributos y servicios personales.

Ya que se hace mención del tributo, debemos decir que había dos tipos de tributo: el externo que se imponía a los pueblos conquistados, en trabajo o en especie, y el interno que tenían que pagar los *macehualtin* y que podía ser de dos maneras: con parte de los productos que elaboraban y/o con trabajos personales. Estos últimos consistían en trabajar en obras públicas que requería el Estado, como calzadas, templos, palacios etc., para lo cual los barrios organizaban cuadrillas de 20 ó 100 hombres con el control de mandones o mayordomos y se turnaban en su participación.

Por otra parte, los macehuales podían llevar a sus hijos a la escuela llamada *telpochcalli*, donde se les preparaba "para servicio del pueblo y para las cosas de la guerra", como dice Sahagún. La enseñanza era rígida y había varias escuelas en cada barrio. Resulta importante ver cómo la preparación para la guerra era necesaria ya que cada calpulli proporcionaba contingentes según fuera el caso. Recuérdese que destacar en la guerra era la única manera de elevarse socialmente.

Veamos ahora cómo describe Sahagún algunos de los oficios que desempeñaban los especialistas:

Orfebres

Había dos tipos de orfebres que trabajaban el oro: unos eran martilladores que con un martillo de piedra laminaban el metal y otros eran los que "asientan el oro, o alguna cosa en el oro o en la plata; éstos son verdaderos oficiales". Tenían por dios a Xipe Tótec y celebraban su fiesta en el mes de tlacaxipehualiztli o "fiesta de los desollados". La manera en que trabajaban era haciendo una figura en carbón mezclado con barro pegajoso o en cera y después seguían todo el proceso de elaboración del que Sahagún habla de manera prolija. La técnica de la cera perdida fue utilizada junto con el carbón. Dice el franciscano:

> Cuando todo se ha dejado listo [...] luego se pone en el fuego, se calienta totalmente: allí sale, arde la cera que se halla dentro, la que se había puesto.
>
> Cuando ya se fue la cera. Cuando ardió, luego se enfría: es entonces cuando se coloca sobre la arena burda.
>
> Es cuando, por fin, se funde, entra al crisol, se pone en el carbón, y el oro que allí entra por otro lado en un cucharón se derrite. Allí acaba todo esto, con esto queda hecha la obra.

Fue tanta la maestría de los orfebres que cuando el gran artista Durero vio en Europa las piezas de oro traídas después de la conquista, exclamó: "Más en toda mi vida nada he visto que me haya regocijado tanto el corazón como estas cosas. Por que allí he visto cosas extrañas de arte y he quedado asombrado del sutil ingenio de los hombres de tierras lejanas. Y no sé explicar tantas y cuantas cosas había allí".

Lapidarios

Los especialistas en trabajar las piedras eran profundos conocedores de la dureza de éstas y de sus calidades. También conocían los lugares donde podían obtenerlas y algunas de ellas eran traídas desde otras regiones. Había piedras como cristal de roca, pedernal, alabastro, turquesa y una buena variedad de piedras verdes. La obsidiana era un vidrio volcánico que tenía varios colores y su extracción era toda una especialidad. De ella se fabricaban finas navajas, puntas de flechas y dardos, figuras diversas; en fin, era una materia prima muy requerida y al hacerse armas con ella se convertía en un material muy estimado. Había instrumentos para cortar, perforar y pulir las piedras. Usaban arena como abrasivo y pulían con piedras, palos y bambú. Hacían figuras, collares, pectorales, orejeras, máscaras y otras piezas tanto de adorno como de uso diario. La obsidiana seguía un procedimiento por medio del cual se preparaba el núcleo y de él se extraían las navajas. Las piezas hechas en piedras y obsidiana que han sido halladas en ofrendas son de una gran calidad y no dejan lugar a dudas de que se trataba de verdaderos especialistas en la materia.

Debido a la gran cantidad de objetos hechos de piedra, es de pensarse que un buen número de personas se dedicaron a esta especialidad. Caso similar debió de ser el de aquellos artistas que se dedicaron a la elaboración de esculturas mayores, labor en la que se observa una maestría insuperable. Ejemplos sobran: allí están esculturas como la Coatlicue, la Piedra del Sol, Coyolxauhqui, el felino encontrado en la casa de los Marqueses del Apartado, las figuras de las mujeres muertas en parto o *cihuateteos*... sería imposible enumerar la gran cantidad de piezas que servían al culto y adornaban templos y palacios. Las piedras empleadas para este menester fueron la andesita, el basalto y otras más que se obtenían en el Valle de México. Verdaderos talleres debieron de funcionar en Tenochtitlan donde se trabajaban estas piezas, la mayor parte de ellas deparadas para los templos y con un contenido religioso.

De los buenos artesanos dedicados al trabajo de las piedras dice Sahagún:

> El buen lapidario artificiosamente labra e inventa labores, sutilmente esculpiendo y puliendo muy bien las piedras con sus instrumentos que usa en su oficio.
>
> El mal lapidario suele ser torpe o bronco, no sabe pulir, sino que echa a perder las piedras, labrándolas atolondradas o desiguales, o quebrándolas, o haciéndolas pedazos.

Alfareros

La producción cerámica fue muy abundante en Mesoamérica. La cerámica fabricada en Tenochtitlan y otras regiones del centro de México como Cholula forman verdaderas vajillas con platos, cucharones, copas, ollas, molcajetes o vasijas con ranuras en el fondo para preparar salsas, en fin que hubo un buen número de piezas de diferentes formas. Otro tanto ocurría con las figurillas en las que se representaban dioses, personas, animales, etc. Los alfareros eran conocedores de los distintos tipos de barro y utilizaban varias técnicas para el pulido y acabado de las piezas. Se llegaron a usar moldes para hacer determinadas figuras. El barro color anaranjado fue muy utilizado con un decorado de finas líneas paralelas en tono negro. Muchas piezas eran de utilidad diaria y otras se empleaban como ofrendas para los muertos. En este ramo también debieron de haber muchas personas dedicadas a la producción dada la gran cantidad de tiestos que se localizan. Sahagún describe así al bueno y al mal alfarero: "El ollero es robusto, ligero, buen conocedor del barro, sabe y piensa muy bien el modo y la forma de hacer ollas de cualquier suerte que quisiere. El mal ollero es torpe, tonto y necio".

Plumarios

Se conocían con el nombre de *amantecas* y eran diestros en seleccionar las distintas plumas para sus labores. Algunas de ellas eran traídas desde otras regiones y las piezas que conocemos de arte plumaria son de gran calidad y exquisitez. Basta con mencionar el llamado penacho de Moctezuma con sus largas y relucientes plumas de quetzal y otras de color azul, o el escudo con el felino y adornos dorados. Tanto impresionaron a los españoles estas piezas que en el envío que hace Cortés al rey de España incluye varias, entre ellas muy probablemente el penacho de Moctezuma. Según Sahagún:

> El oficial de plumas es único, hábil e ingenioso en el oficio […] si es bueno suele ser imaginativo, diligente, fiel y convenible, y despachado para juntar y pegar las plumas y ponerlas en concierto y con ellas siendo de diversos colores hermosear la obra […]
>
> El que no es tal, es tosco y de rudo ingenio, bozal y nada vivo para hacer bien su oficio, sino que cuanto se le encomienda todo lo echa a perder.

Tejedores

Había una gran variedad de prendas de vestir tanto de fibras como de algodón. Se hacían mantas, taparrabos, faldas, huipiles, bolsas y muchas otras piezas que servían como vestimenta y para otras necesidades. Tanto en códices como en figurillas de barro vemos la indumentaria que era usada tanto por los nobles como por la gente del pueblo. Se usó el telar de cintura y se han encontrado piezas de madera como la lanzadera y los malacates o husos de barro. La rama textil debió de absorber una buena cantidad de personas. No hay que olvidar que muchas prendas como mantas y trajes de guerreros eran traídas como tributo de otras regiones. Nos dice Sahagún de los hiladores y tejedores:

> La buena tejedora suele apretar y golpear lo que teje, y aderezar lo mal tejido con espina, o con alfiler, o tupir muy bien, o hacer ralo lo que va

tupido; sabe también poner en telar la tela y estirarla con la medida que es una caña, que estira la tela para tejerla igual, sabe también hacer la trama de la dicha tela.

El mal tejedor es perezoso, descuidado, mal oficial, y daña cuanto teje y hace mala tela […]

Albañiles
El ramo de la construcción fue importante tanto en la fabricación de casas como en las obras mayores: calzadas, templos, palacios y otras más. Había personas dedicadas a estas labores, que iban desde hacer los cimientos de los edificios hasta rellenar con piedra y madera los núcleos de las construcciones. Careaban la piedra para que sirviera de acabado de muros y los recubrían con estuco, mezcla de cal, arena y agua. Se utilizó material volcánico fácil de obtener en los alrededores, entre ellos el tezontle o piedra porosa que servía tanto de relleno como para hacer acabados. Había varios grados dentro de esta especialidad, desde el maestro albañil hasta el peón que acarreaba piedra y tierra. Acerca de los albañiles dice Sahagún: "El albañil tiene por oficio hacer mezcla, mojándola bien, y echar tortas de cal y emplanarla, y bruñirla o lucirla bien […]. El mal albañil por ser inhábil, lo que encala es atolondrado, ni es liso, sino hoyoso, áspero y tuerto".

Carpinteros
Este oficio tuvo mucho auge debido a su empleo en la construcción, donde se hacían dinteles, jambas, techos, puertas, puentes y también algunos enseres domésticos, armas y canoas que, como ya mencionamos páginas atrás, se contaban por cientos o miles. Eran conocedores de los distintos tipos de madera y se abastecían con árboles propios de la cuenca de México. Se han encontrado vigas de madera con ricos decorados, como las procedentes de Tlatelolco, o piezas para el culto como las halladas en el Templo Mayor. Al referirse a ellos dice el franciscano:

El buen carpintero suele medir y compasar la madera con nivel, y labrarla con la juntera para que vaya derecha, y acepillar, emparejar y entarugar, y encajar unas tablas con otras, y poner las vigas en concierto sobre las paredes [...] El mal carpintero desparpaja lo que está bien acepillado, y es descuidado, tramposo y dañador de la obra que le dan por hacer [...]

Pintores

Verdaderos artistas, los pintores tenían especial habilidad para su trabajo. Había quienes se dedicaban a la elaboración de códices y otros dedicados a la pintura mural que decoraba muros de edificios. En ambos casos estaban relacionados con el grupo sacerdotal o con los señores de la nobleza. Tenían buen conocimiento de los pigmentos y de su obtención, especialmente de los de origen mineral que se empleaban en muros y eran molidos para mezclarlos con aglutinantes que les daban fijeza. Muchos son los ejemplos que ha encontrado la arqueología de las obras de los *tlacuilos* de larga tradición en Mesoamérica. Del tlacuilo se dice:

> [...] sabe usar de colores, y dibujar o señalar las imágenes con carbón, y hacer muy buena mezcla de colores, y sábelos moler muy bien y mezclar. El buen pintor tiene muy buena mano y gracia en el pintar, y considera muy bien lo que ha de pintar, y matiza muy bien la pintura [...] El mal pintor es de malo y bobo ingenio y por esto es penoso y enojoso, y no responde a la esperanza del que da la obra, ni da lustre a lo que pinta, y matiza mal, todo va confuso, ni lleva compás o proporción lo que pinta, por pintarlo de prisa.

Poetas

Dentro del grupo de artistas que habitaban Tenochtitlan y otras ciudades vecinas, tenemos a los poetas. Algunos tlatoani se dedicaron, entre otras cosas, a la poesía. La esmerada educación que recibían en el Calmécac los preparaba para elevar flor y canto de manera inigualable. Los estudios que se han realizado acerca de la poesía nahua nos llevan a ver cómo en muchos casos está presente lo relativo a la muerte y cantos guerreros que exaltan este acto de manera preponderante. Veamos aunque sea un ejemplo de los muchos que han llegado hasta nosotros, donde seremos testigos de la profundidad y angustia ante la muerte inevitable, así lo rescata Ángel María Garibay:

> Yo por mi parte digo:
> ¡Ay, solo un breve instante!
> ¡Sólo cual la magnolia abrimos los pétalos!
> ¡Sólo hemos venido, amigos, a marchitarnos
> en esta tierra!
> Pero ahora cese la amargura,
> ahora dad recreo a vuestros pechos.
> ¿Pero cómo comer? ¿Cómo darnos al placer?
> Allá nacen nuestros cantos, donde nació el atabal.
> He sufrido yo en la tierra,
> en donde vivieron ellos.
> Se enlazará la amistad,
> se enlazará la corporación junto a los tambores.
> ¿Acaso aún yo vendré?
> ¿Aún habré de entonar un canto?
> Pero yo solo estoy aquí: ellos están ausentes.
> Al olvido y a la niebla yo tengo que entregarme.
> Creamos a nuestro corazón:
> ¿Es nuestra casa la tierra?
> En sitio de angustia y de dolor vivimos.
> Por eso solamente canto y pregunto:
> ¿Cuál flor otra vez plantaré?
> ¿Cuál maíz otra vez sembraré?
> ¿Mi madre y mi padre aún habrán de dar fruto nuevo?
> ¿Fruto que vaya medrando en la tierra?
> Es la razón por que lloro:
> nadie está allí: nos dejaron huérfanos en la tierra.
> ¿En dónde está el camino
> para bajar al Reino de los Muertos?,
> ¿a dónde están los que ya no tienen cuerpo?

¿Hay vida aún allá en esa región
en donde de algún modo se existe?
¿Tienen aún conciencia nuestros corazones?
En cofre y caja esconde a los hombres
y los envuelve en ropas de dador de la vida.
¿Es que allá los veré?
¿He de fijar los ojos en el rostro
de mi madre y de mi padre?
¿Han de venirme a dar ellos aún
su canto y su palabra?
¡Yo los busco: nadie está allí:
nos dejaron huérfanos en la tierra!

Médicos

La medicina implicaba un conocimiento profundo del cuerpo humano y de los remedios para curar las enfermedades. Éstos podían ser de origen vegetal, mineral y animal. Algunas representaciones de ciertas enfermedades se reprodujeron en cerámica, piedra o tela. En el caso de los mexicas se han encontrado representaciones de parálisis facial, enfermedad atribuida a Tláloc. También fueron reconocidas las comadronas o parteras, especializadas en embarazo y parto, que atendían a las mujeres a punto de dar a luz con sus conocimientos. La herbolaria la vemos expresada en el *Códice badiano* con pinturas de las plantas utilizadas y el remedio que procuraban. De los médicos dice Sahagún:

> El buen médico es entendido, buen conocedor de las propiedades de las yerbas, piedras, árboles y raíces, experimentado en las curas, el cual también tiene por oficio saber concertar los huesos, purgar, sangrar y sajar, y dar puntos, y al fin librar de las puertas de la muerte.
>
> El mal médico es burlador, y por ser inhábil, en lugar de sanar, empeora a los enfermos con el brebaje que les da, y aún a las veces usa hechicerías y supersticiones para dar a entender que hace buenas curas.

Lámina 22. Campesino mexica sembrando con coa (*Códice florentino*).

Campesinos

La agricultura era uno de los pilares de la economía mexica. De ahí la importancia que tenían quienes se dedicaban a ella. Formaban un núcleo grande dentro de la sociedad y eran conocedores de los tipos de tierra y de todo lo relacionado con la siembra. Tenían instrumentos como la coa, palo de madera quemado en la punta con el cual se perforaba la tierra. La técnica de chinampas resultó muy productiva y se practicaba sobre todo en el sur del lago, en la región de Tláhuac y Xochimilco y en la misma Tenochtitlan. Consistía en aprovechar zonas húmedas en las que se abrían canales y la tierra sacada del fondo de ellos se colocaba encima de los camellones, los cuales se reforzaban con el huejote o árbol que servía para sostener y amarrar los camellones. Por la humedad concentrada se podían alcanzar varias cosechas al año. Se ha corroborado la existencia de un sistema de chinampas prehispánicas en Xochimilco, consistentes en camellones paralelos encima de los cuales se han hallado restos de montículos que bien pudieron ser casas campesinas o cuartos donde se guardaban los aperos de labranza. Dentro del panteón mexica tenemos a Tláloc como numen principal asociado a la lluvia y la fertilidad. Chicomecóatl era la deidad de la agricultura y Cintéotl, del maíz. Del campesino dice Sahagún:

> [...] trabaja mucho en su oficio, conviene a saber, en romper la tierra, cavar, desyerbar, cavar en tiempo de seca, vinar, allanar lo cavado, hacer

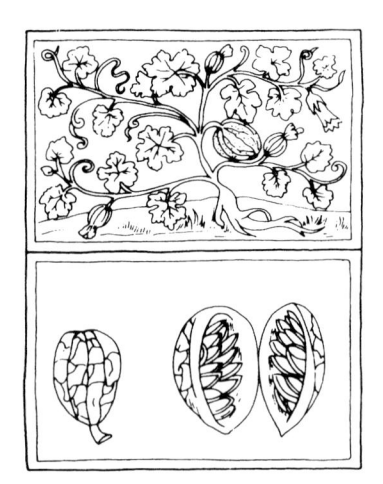

Lámina 23. Cultivo de algunas plantas como de calabaza (*Códice florentino*).

camellones, mollir bien la tierra y ararla en su tiempo, hacer linderos y vallados, y romper también la tierra en tiempo de aguas; saber escoger la buena tierra para labrarla; hacer hoyos para echar la semilla y regarla en tiempo de seca; sembrar, derramando la semilla; agujerar la tierra para sembrar los frijoles; cegar los hoyos donde está el maíz sembrado, acohombrar, o allegar la tierra a lo nacido […] entresacar a su tiempo las mazorcas verdes, y al tiempo de la cosecha quebrar las cañas cogiéndolas y coger el maíz cuando está ya bien sazonado; desollar o desnudar las mazorcas y atar las mazorcas unas con otras […] y acarrear a la casa lo cogido y ensilarlo.

Por el momento hemos enumerado, a manera de ejemplo, sólo algunos de los oficios a que se dedicaban los pobladores de Tenochtitlan. Había muchos más que practicaban diferentes quehaceres tanto en el ámbito religioso (tal sería el caso de cantores, danzantes, etc.), como individuos dedicados a la caza, la pesca, la brujería y otras prácticas en ocasiones malsanas como es el caso de los ladrones, que nunca faltan en las ciudades y que Sahagún describe así: "El ladrón por más que hurte siempre anda pobre y miserable, y lacerado, escaso y hambriento, y codicioso de lo ajeno: y para hurtar sabe mil modos, miente, acecha, y horada las casas, y sus manos son como garabatos con que apaña lo que puede [...]".

Pero para que se vea que también utilizaba ciertas técnicas modernas, veamos cómo continúa el fraile:

> El ladrón que encanta sabía muy bien los encantamientos, con los cuales hacía amortecer o desmayar a los de casa donde él entraba, y así amortecidos, hurtaba cuanto hallaba en casa, y aun con sus encantamientos sacaba la troje y la llevaba a cuestas a su casa; y estando en la casa donde hurtaba —estando encantados los de la casa— tañía, cantaba y bailaba, y aún comía con sus compañeros que llevaba para hurtar.

Mayeques y renteros

Había un grupo de personas llamadas *mayeques* dedicadas a labrar la tierra de los gobernantes y señores a quienes tenían que pagar un tributo. Señala Zorita que estos mayeques que cultivaban tierras ajenas "pagaban por ellas renta al señor de ella y servicio [...]". Por su parte, los renteros arrendaban tierras a los nobles para trabajarlas por un año o más.

Esclavos

Conocidos como *tlatacoltin*, los esclavos en realidad no tenían un papel preponderante dentro de la economía del grupo, por lo que el concepto de esclavo era muy diferente al que de ellos se tiene en Occidente. El hijo de un esclavo no nacía con este carácter, y se adquiría esta condición por varias razones: por deudas en el juego; por no poder pagar el tributo, lo que los convertía en esclavos del señor al que se le adeudaba; por cometer rapto y traición; por matar a alguien, o por decisión personal de venderse a otra persona o de vender al hijo. El robo también era motivo para quedar como esclavo del afectado. Sobre esto nos dice Torquemada: "Era ley que nadie hurtase en general: y si era cosa de valor y el que lo había hurtado aún no lo había gastado o despendido, quitábaselo la justicia y al dicho ladrón vendían por esclavo [...]".

Pese a todo, el esclavo podía ser nuevamente libre si él o su familia

Lámina 24. Comida familiar dentro de una casa *(Códice florentino).*

compraban su libertad o si al llevarlo al mercado para ser vendido se escapaba y se refugiaba en algún palacio o templo. En el caso de la mujer, ésta podía inclusive subir de escala social si el señor al que pertenecía la tomaba como mujer. Como se ve, esta "esclavitud", así llamada por los cronistas, revestía formas específicas que la diferencian definitivamente de aquellas formas que se dieron dentro de las sociedades esclavistas de otras latitudes.

La economía

La economía mexica estaba basada en dos aspectos fundamentales: la producción agrícola y el tributo. Esto se manifestaba de manera inequívoca en el principal templo mexica: el Templo Mayor. Como ya dijimos, en su parte alta estaban las dos deidades relacionadas con estos aspectos: Tláloc, dios de la lluvia y de la fertilidad, y Huitzilopochtli, dios de la guerra y de la imposición a otros grupos que tenían que pagar un tributo. El comercio también tuvo importancia, pero haremos una reflexión sobre sus características. Veamos con más detalle cada una de estas formas.

La producción agrícola
Tanto en los mitos como en otros aspectos vemos la importancia que tienen las plantas cultivadas y en particular el maíz. El campesino tenía buen conocimiento del calendario y de las temporadas de

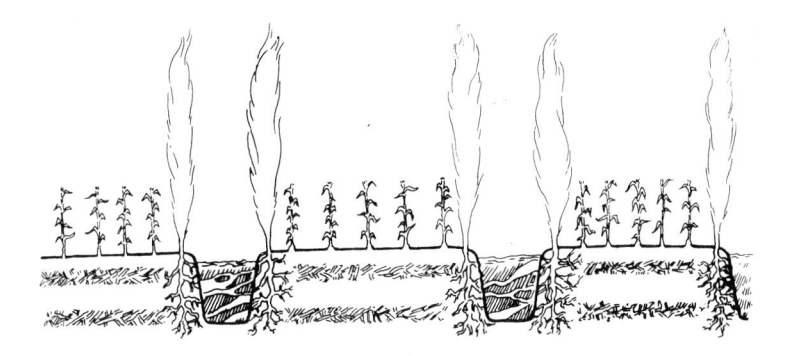

Lámina 25. Tecnología agrícola conocida como chinampas, en la que se aprovechan lugares húmedos que se canalizan y se hacen camellones sobre los que se siembra.

lluvias y secas. No pocas ceremonias se efectuaban con el fin de atraer a la lluvia y de que ésta fuera abundante. Ahora bien, para comprender mejor lo relativo a la agricultura empezaremos por saber algo más acerca de la tenencia de la tierra. Ya vimos cómo había varios tipos de tierras: las que poseían los calpulli y los señores de éstos; las del tlatoani, las del templo y las de aquellos que alcanzaban esos bienes por merecimientos, como destacar en la guerra. Diversas técnicas agrícolas se emplearon para el cultivo. Ángel Palerm tiene dos obras en las que ha estudiado este apartado y encuentra indicios de la utilización dentro del valle de México de terrazas agrícolas, control del agua de los manantiales, irrigación y la utilización de chinampas en sus diversas variantes. Ya nos hemos referido a la manera en que se aprovechaban las partes húmedas para formar los camellones con tierra procedente de los canales entre uno y otro camellón y de los instrumentos usados, como la coa, las canastas para recoger al momento de la cosecha, los desgranadores y la existencia de silos en los que se almacenaban los granos.

En cuanto a las plantas que se cultivaban, Teresa Rojas, quien las ha estudiado, habla del maíz, el frijol, el chile, la calabaza y el tomate, a su vez mencionados por Tezozómoc. Dice que en Xaltocan se sembraba en camellones maíz, frijol, *huautli*, calabaza, ají o chile verde, y jitomate. Recientes estudios por parte de biólogos han permitido saber de la presencia de amaranto en el Templo Mayor.

Ahora bien, sabemos por la *Matrícula de Tributos* y el *Códice mendocino* que los pueblos conquistados en ocasiones tenían que pagar parte del tributo impuesto con cargas de productos agrícolas. De esta manera, cargas de maíz, frijol y otros cultivos eran trasladados desde las zonas conquistadas hasta Tenochtitlan. Para dar una idea del aprovechamiento que se hacía del maíz, alimento básico de los habitantes, recordemos cómo los granos se transformaban al ser molidos en el metate por las mujeres y de él se hacía una amplia variedad de platillos. Vamos a citar a Sahagún, quien nos da un listado de ellos:

> [...] otra manera de tortillas comían que eran blancas, y otras pardillas, de muy buen comer, que llamaban tlaxcalpacholli; también comían unos panecillos no redondos, sino largos, que llaman tlaxcalmimilli; son rollizos y blancos y del largor de un palmo o poco menos. Otra manera de tortillas comían, que llamaban tlacepoalli ilaxcalli, que eran ahojaldradas, eran de delicado comer. Comían también tamales de muchas maneras [...].

El tributo

Ya dijimos que existía un tributo interno aplicado a la población de Tenochtitlan que revestía dos formas: el pago con parte de lo que se producía según la especialidad de la persona, y el trabajo o servicio personal *(coatequitl)* regulado por los barrios. Otra forma de tributo era la que se imponía a los pueblos conquistados y que también revestía dos formas: el tributo en productos de distinto tipo según lo que se producía en la región, y el trabajo en servicios personales, como el que se aplicó en los comienzos de la liberación con los tepanecas y que se siguió aplicando a otros grupos cercanos a Tenochtitlan. Esto nos hace pensar que la guerra tuvo un carácter económico fundamental y debe ser analizada dentro de este apartado, salvo los casos de las "guerras floridas", pactadas con ciertos pueblos para la captura de prisioneros destinados al sacrificio. Para Frederic Katz, el motivo principal de las guerras era generado por la necesidad del tributo, ya que éste constituía casi la mayor parte de la base económica de la Triple Alianza. Para Carrasco también la guerra era indispensable para el sostenimiento de las ciudades ya que "la mayor acumulación de bienes en los almacenes reales de México llegaba probablemente como tributo de las provincias sometidas; de allí la suma importancia de la guerra para sostener y ampliar la base económica de los grandes centros políticos".

Vayamos ahora con Durán, quien nos dice de las cosas que tributaban a Tenochtitlan:

> [...] tributaban las provincias, ciudades, villas y pueblos de la tierra al rey de México, y la causa que pone para que hubiese obligación de tributar dice de esta manera: tributaban las provincias todas de la tierra, pueblos, villas y lugares, después de ser vencidos y sujetados por guerra y compelidos por ella por causa de que los valerosos mexicanos tuviesen por bien bajar las espadas y rodelas, y cesasen de los matar a ellos y a los viejos y viejas y niños por redimir sus vidas y por evitar la destrucción de sus pueblos y menoscabo de sus haciendas. A esta causa se daban por siervos y vasallos de los mexicanos y les tributaban de todas las cosas criadas debajo del cielo, de oro, plata, joyas, piedras, plumas, armas, mantas, cacao, algodón, maíz, frijoles, uauhtli, pepitas, chile de todo género, harina de todas semillas, petates, asentaderos, leña, carbón, losa de todo género, cotaras, piedras, madera, cal, caza de todo género, gallinas, volatería, águilas, leones, tigres, gatos monteses, de todo género de animales bravos y domésticos, cueros de animales curados y ricos, culebras grandes y chicas, bravas y mansas, pescados frescos y en barbacoa, de toda tanta cantidad, que no faltaba día de esta vida que no entraba en la ciudad de México gente forastera con gran cantidad de todas estas cosas [...]

Algo que de inmediato hay que tomar en cuenta es que la guerra, como medio de apropiación económica, estaba dirigida no tanto a hacerse de tierras de las provincias lejanas ni a tratar de imponer el culto a Huitzilopochtli, sino que estaba dirigida a apropiarse de la fuerza de trabajo. En otra ocasión hemos dicho:

A nuestro juicio, la importancia estriba en otro tipo de propiedad o relación, que era la propiedad de la fuerza de trabajo. Al Estado mexica no le interesaba que las tierras de las grandes regiones alejadas que conquistaban pasaran a ser de su propiedad, sino que éstas quedasen en manos de los conquistados. Lo que le importaba era aprovechar la mano de obra y apropiarse de la fuerza de trabajo, para que le sirviera económicamente.

A tal grado llegó la imposición y el control de las provincias sujetas a México, que el mexica las dividió a su criterio para el pago del tributo. En la región de Cuauhtinchan, Puebla, Mercedes Olivera estudió el sistema interno de control tributario, por medio del cual el señor local recibe un tributo para sí además del que deberá enviar al Estado, estableciéndose una relación de explotación entre la comunidad y los pilli representantes del poder mexica.

Este sistema de explotación de la fuerza de trabajo trajo como consecuencia el levantamiento armado de algunos pueblos sojuzgados para tratar de liberarse del poder mexica. Hasta donde sabemos, fueron varios los intentos por sacudirse del yugo de la Triple Alianza que fueron reprimidos de manera violenta. Baste con recordar el caso de tres pueblos del actual estado de Guerrero: Teloloapan, Oztuma y Alahuiztlan, que decidieron levantarse en contra de Ahuizotl aprovechando el momento en que éste fue entronizado. La respuesta del tlatoani fue inmediata: ordenó a sus ejércitos que atacaran y volvieran a someter a estos pueblos mediante la fuerza. Dice de esto Durán cuando habla del ataque a Teloloapan:

> [...] el cual llegado a aquella provincia le dio guerra y los venció y destruyó y tornó a sujetar, de tal suerte que nunca más se le osaron rebelar, a los cuales puso muy excesivos tributos en castigo de su rebelión, a los cuales, según la historia, mandó le tributasen cada ochenta días cuatrocientas cargas de cacao y diez cargas de mantas y otras tantas de ropas mujeriles, con otras cosas de frutas y comidas y de todo lo que en aquella provincia se cría y produce la tierra [...].

La suerte de los otros dos pueblos fue más o menos similar. Tezozómoc también relata la manera en que fueron sujetos nuevamente y los productos que había en aquella región:

> [...] en estas tierras se hace el cacao, miel, algodón, mantas, chile, pepita y todo género de frutas, pues todos estos pueblos son de rosales y huertas, y lo que nos mandáredes haremos. Díjoles Ahuízotl: ¿prometéis de guardar y cumplir lo que habéis dicho y prometido? Tornaron a replicar que sin exceder un punto lo guardarían y cumplirían [...]

El motivo de la guerra estaba claro: los mexicas no querían perder los tributos que se producían en estas tierras. A tal grado fue la destrucción causada que la población se diezmó, pues pasaron a cuchillo a los viejos, y a los jóvenes y niños se les envió "a las provincias y ciudades de la comarca de México", según Durán. Lo anterior trajo como consecuencia que el tlatoani mexica invitara a su gente a repoblar las provincias de Cihuatlán y Tepecoacuilco, donde se encontraban las ciudades destruidas. Nos sigue diciendo el dominico de las palabras que el gobernante dirigió a los suyos:

> Señores: ya sabéis cómo de la guerra pasada que con los de Teloloapan, Oztomán y Alauiztla tuvimos, sucedió quedar las dos ciudades despobladas y todos los frutales, cacahuatales, algodonales y todas las tierras yermas y desiertas, que sería gran lástima que aquello se perdiese y destruyese; por tanto, yo he determinado de enviar gente que la pueble y que goce de aquello y lo beneficien.

Aquí hay que decir algo acerca de la importancia del tributo y de la producción agrícola. Ambos aspectos fueron la base de las sociedades prehispánicas mesoamericanas a partir del momento en que éstas se convierten en sociedades complejas, profundamente estratificadas, y cuya base económica se sustentaba precisamente en estos dos aspectos. Esto ocurrió hacia lo que se ha denominado Preclásico Superior. Decíamos que un tercer componente de la economía pudo ser el comercio, practicado desde tempranas épocas en Me-

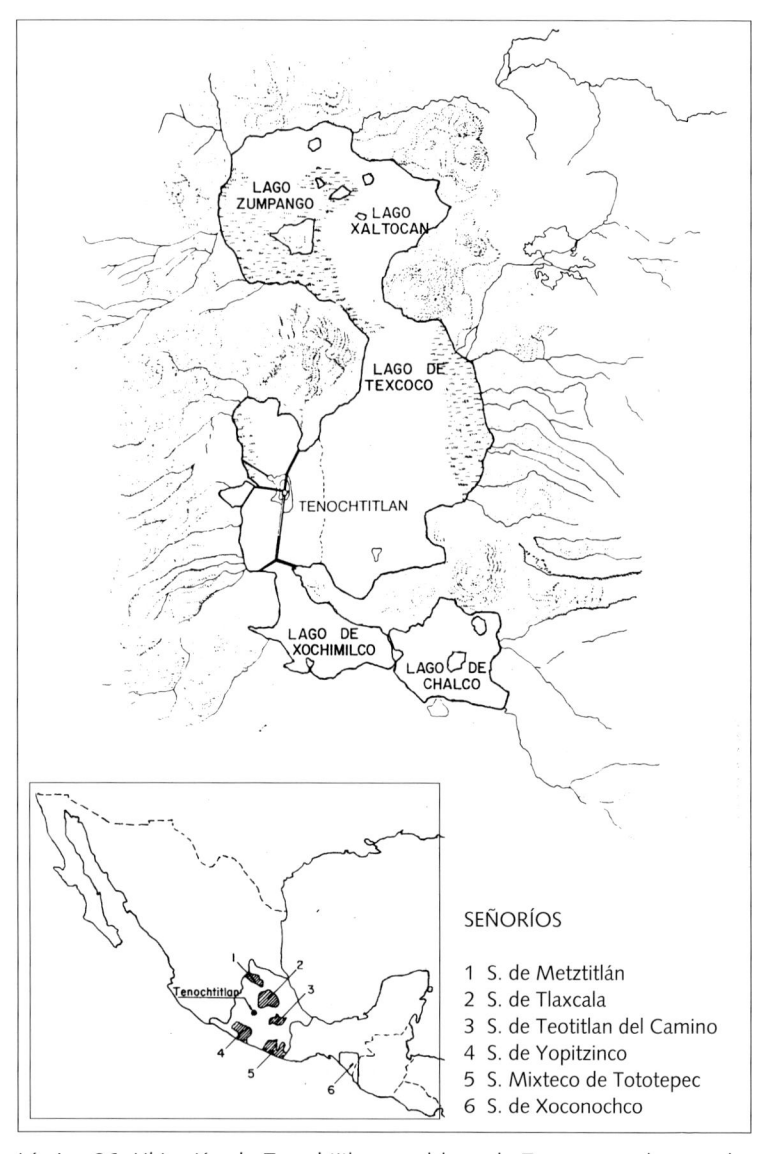

Lámina 26. Ubicación de Tenochtitlan en el lago de Texcoco con las grandes calzadas. Abajo, algunos señoríos independientes no conquistados por la Triple Alianza.

SEÑORÍOS

1. S. de Metztitlán
2. S. de Tlaxcala
3. S. de Teotitlan del Camino
4. S. de Yopitzinco
5. S. Mixteco de Tototepec
6. S. de Xoconochco

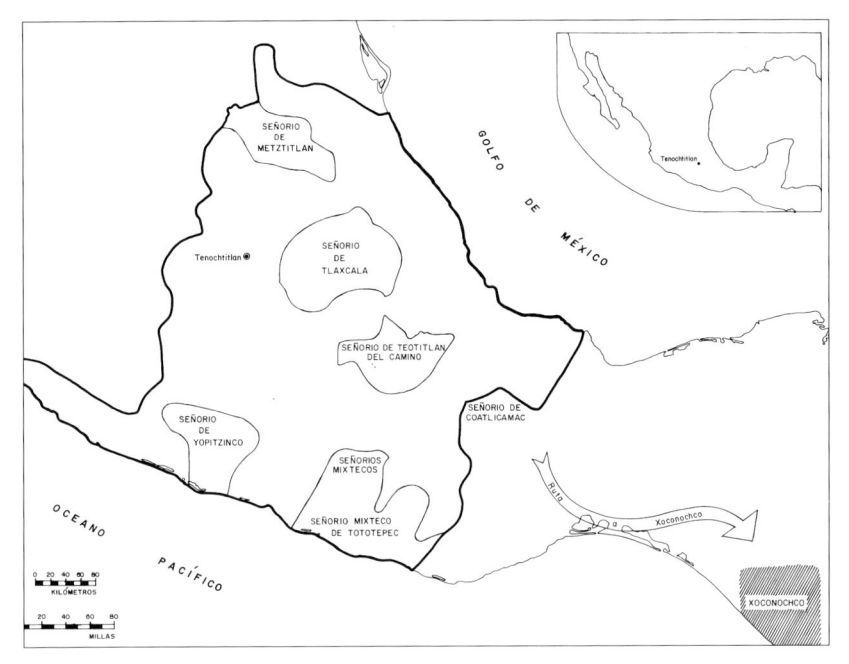

Lámina 27. Extensión del imperio mexica a la llegada de los españoles en 1519 d.C.

soamérica. Sin embargo, hay que pensar que el comercio de larga distancia practicado por los pochtecas o comerciantes ricos era portador de una serie de productos para el uso de la clase dominante o pilli. En efecto, si analizamos estos materiales, veremos que se trata de objetos suntuarios y su tráfico se veía igualmente afectado por los productos traídos por imposición tributaria, por lo que poca o relativa importancia tuvieron dentro del aparato económico. Caso diferente era el del comercio en mercados o *tianguis,* pues éste permitía el intercambio de productos indispensables para la alimentación, el vestido, materiales de uso cotidiano, etc., de allí que fuera un factor importante para la distribución de productos a la mayor parte de la población que ayudaba al sostenimiento de muchas familias.

Para finalizar lo relativo a la guerra solamente añadiremos que el ejército mexica contaba con soldados pertenecientes a los calpulli pero además con el apoyo de los pueblos por donde pasaba el ejército. A esto se unía el que los pueblos sometidos también "colaboraban" en la carga del armamento y otros aspectos. Por cierto que las principales armas que se empleaban en la guerra eran lanzas, hondas, lanzadardos, arcos y flechas y la macana hecha de madera con navajas de obsidiana encajadas a lo largo. Tenían escudos o *chimallis* y trajes de algodón para protegerse. Muchas de estas prendas eran traídas como tributo. Un militar como Bernal Díaz del Castillo nos habla de las armas que se guardaban en las casas de Moctezuma:

> [...] había rodelas grandes y chicas, y una como macana, y otras a manera de espadas de a dos manos, engastadas en ellas unas navajas de pedernal, que cortan mucho mejor que nuestras espadas, y otras lanzas más largas que no las nuestras, con una braza o cuchilla, engastadas en ellas muchas navajas [...]
>
> Tenían muy buenos arcos y flechas, y varas de a dos gajos, y otras de a uno, con sus tiraderas, y muchas hondas y piedras rollizas hechas a mano [...]
>
> También tenía muchas armas de algodón colchadas y ricamente labradas por fuera de plumas de muchos colores [...] y cascos de madera y de huesos, también muy labradas de pluma por fuera [...]

Los rangos militares eran varios y entre ellos destacaba el de *tequihua*, otorgado a quien hubiera capturado o matado a cuatro enemigos. Gozaban de privilegios como los de participar en los consejos, danzar, llegar a ser funcionario o capitán, etc. Una organización especial era la de los *cuacuauhtin* o caballeros águilas y jaguares, formada por gente de la nobleza. Se reunían en aposentos exclusivos para ellos y su palabra tenía peso en los consejos.

Pasemos ahora a describir el ciclo de vida del mexica.

Máscara de estilo teotihuacano encontrada en las ofrendas del Templo Mayor de Tenochtitlan.

Chac-mool decapitado procedente de Tula, encontrado frente al Templo Mayor de Tenochtitlan.

Banqueta policromada con procesión de guerreros de la Casa de las Águilas, Tenochtitlan.

Símbolo de la fundación de Tenochtitlan según el *Códice Durán*.

Chac-mool de estilo azteca encontrado en 1943 en la calle de Venustiano Carranza.

Banqueta policromada con procesión de guerreros del Palacio Quemado de Tula, Hgo.

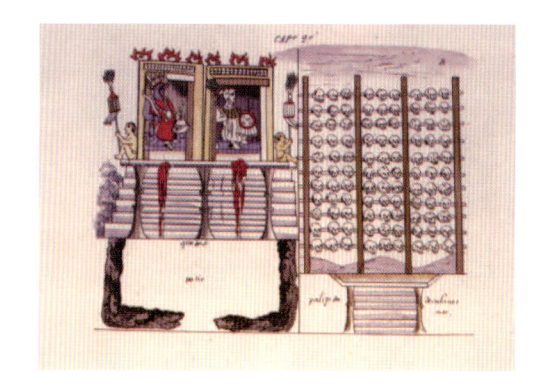

El Templo Mayor mexica y el *tzompantli* según el *Códice Durán*.

Acceso a la Casa de las Águilas, al norte del Templo Mayor.

Escultura conocida como "*Teocalli* de la Guerra Sagrada". Tiene forma de templo mexica.

Adoratorio B o Altar-*tzompantli* al norte del Templo Mayor.

Templo circular encontrado en las obras del Metro en la calle de Pino Suárez.

Templo circular de Malinalco, Edo. de México, construido durante el gobierno de Axayácatl.

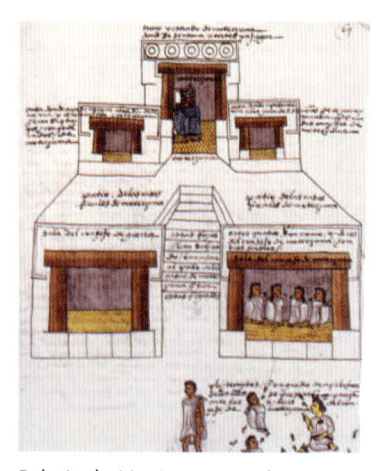

Palacio de Moctezuma según el *Códice mendocino*.

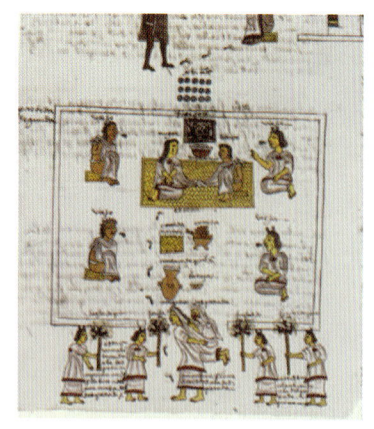

Boda en el interior de una casa. Los novios sentados en esteras con sus mantas amarradas. *Códice mendocino*.

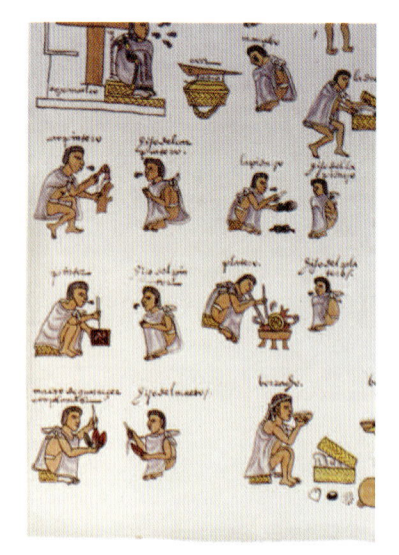

Diversos oficios: carpintero, lapidario, pintor, orfebre, plumario, según el *Códice mendocino*.

Otros oficios: cargadores de mercancía y de bastimentos para la guerra. *Códice mendocino*.

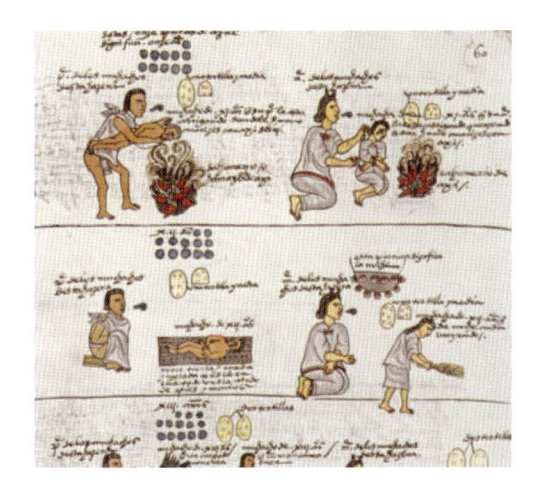

Castigos que imponían los padres a sus hijos: ponerlos sobre humo de chiles quemados.
Códice mendocino.

Castigos que imponían los padres a sus hijos: picarlos con púas de maguey o pegarles con palos.
Códice mendocino.

Caracol de piedra procedente del Templo Mayor de Tenochtitlan.

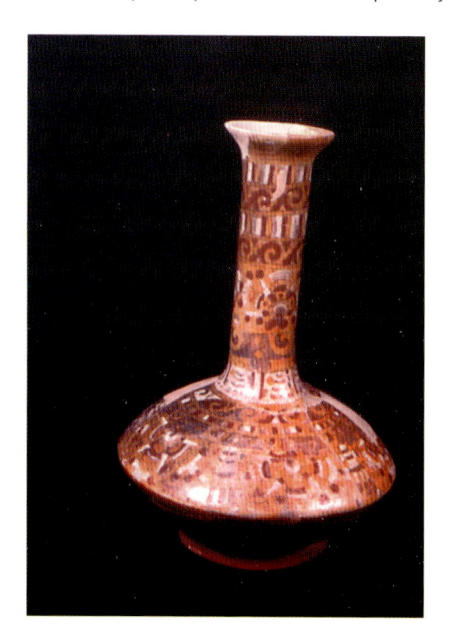

Vasija de cerámica posiblemente traída desde Cholula, encontrada debajo de la Catedral de México.

Numeral en piedra "3-Caña". MNA.

Pieza de tela decorada encontrada en la ofrenda 102 del Templo Mayor mexica.

Cascabel de oro encontrado en la etapa II del Templo Mayor mexica (*circa* 1390 d.C.)

Escultura del dios Huehuetéotl o Xiuhtecutli, dios Viejo y del Fuego, que imita la posición de los dioses teotihuacanos. Templo Mayor.

Escultura del dios Huehuetéotl o Xiuhtecutli, dios Viejo y del Fuego, encontrado en el antiguo Convento de Betlemitas, Ciudad de México.

Escultura en piedra de Mictlancíhuatl, diosa de la Muerte.
MNA.

Escultura que representa a Coatlicue, deidad terrestre, madre de los dioses. MNA.

Escultura monumental de Coyolxauhqui, deidad lunar hija de Coatlicue, muerta y desmembrada en el cerro de Coatepec.

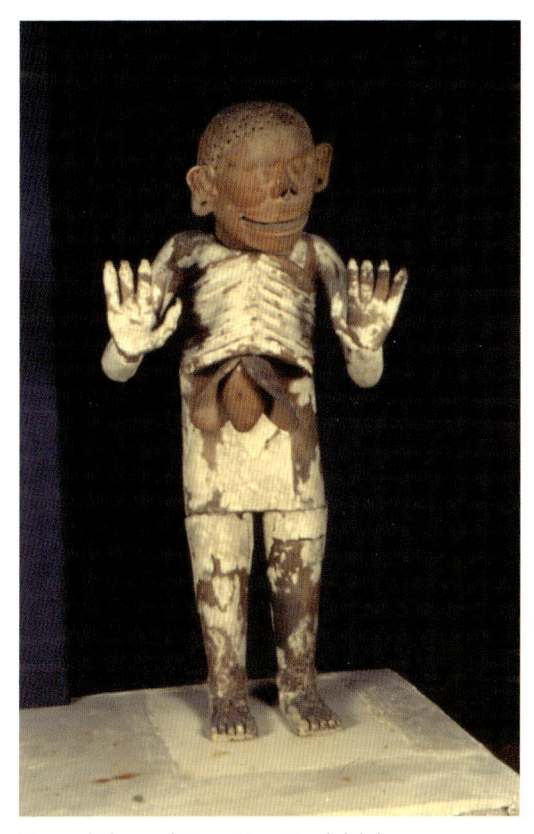

Figura de barro de tamaño natural del dios Mictlantecuhtli, señor de Mictlan. Templo Mayor.

Calendario Azteca o Piedra del Sol. Tiene a Tonatiuh en el centro y guarda un carácter solar. MNA.

VII. Del nacimiento a la muerte

En las siguientes páginas vamos a echar un vistazo al ciclo de vida de los habitantes de Tenochtitlan. Esto resulta indispensable si queremos conocer de cerca los pormenores internos de una sociedad compleja como ésta. Para esto acudiremos, una vez más, al dato que nos proporcionan las fuentes escritas y la arqueología. Antes de empezar, hay que decir cómo la vida cotidiana del mexica estaba fuertemente reglamentada por una serie de factores religiosos y sociales que permeaban todos los aspectos de su existencia. Desde el nacimiento a la muerte y aún más allá de ésta, los dioses tenían un papel determinante como veremos a continuación.

Nacimiento

Nos informa Sahagún cómo en el momento en que la joven se sentía preñada de inmediato se lo comunicaba a sus padres y éstos reunían a los suegros y a los principales del pueblo para comer y beber. Un anciano de la familia del casado dirige palabras muy floridas para anunciar la buena nueva. Entre otras cosas dice:

> Oíd pues, señores que estáis presentes, y todos los demás que aquí estáis, viejos y viejas, y canos y canas: sabed que nuestro señor ha hecho misericordia, porque la señora N, moza y recién casada, quiere nuestro señor hacerla misericordia y poner dentro de ella una piedra preciosa y una pluma rica, porque ya está preñada la mozuela; y parece que nuestro señor ha puesto dentro de ella una criatura.

A partir de este momento vendrá una serie de intervenciones de familiares usando una retórica en que se reflexiona acerca del acontecimiento y recordando que los antecesores ya han muerto y que no retornarán jamás. También se hace ver que lo que el dios envía, sea "hembra o varón", está guardado en un cofre y recuerdan que puede morir, por lo que se preguntan: ¿Por ventura será posible que le veamos, o se pasará como sueño?

Después vienen intervenciones prolijas de parientes del esposo que reiteran el enorme don concedido y aconsejan a la muchacha para que todo siga con bien. Entre los consejos está el siguiente:

Lámina 28. Tlazoltéotl, diosa de las inmundicias, en posición de parto (*Códice borbónico*).

Si pluguiere a dios que merezcamos que nazca vuestra criatura que dios os ha dado, y viniere muy envuelta de la suciedad que causa el acto carnal, por ventura moriréis en el parto, porque aquella viscosidad es pegajosa, e impedirá la salida de vuestra criatura porque hubo efusión de simiente sin haber para qué [...].

Apartaos, hija, de mirar cosas que espantan o dan asco: esto es consejo de los viejos y viejas que fueron ante nos, ¡oh, hija mía chiquitita, palomita! Estas pocas palabras he dicho para esforzaros y animaros, y son palabras de los viejos antiguos, vuestros antepasados, y de las viejas que aquí están presentes [...].

Después se dirige a los padres de los casados y les habla del deber de aconsejar a los esposos. Los padres de la muchacha responden al orador haciéndole ver que es una gran merced contar con las palabras que dijo y el hecho de tener una piedra preciosa, una pluma rica. Finalmente, la preñada contesta a quienes intervinieron con sus palabras y las agradece, siempre con la incertidumbre de si habrá de nacer con bien el niño.

Hacia el séptimo u octavo mes de embarazo se reunían en casa de los padres de la esposa para elegir a una comadrona que atendiera el parto. Se escogía una que tuviera gran experiencia y se le pedía que atendiera a la joven embarazada, a lo que la comadrona contestaba con extensas intervenciones diciendo que no sabía si sus conocimientos eran tan amplios como para traer al mundo un niño, a lo que contestaban las parientas de la muchacha con estas palabras:

Muy amada señora y madre nuestra espiritual, haced, señora, vuestro oficio, responded a la señora y diosa nuestra que se llama Quilaztli y comenzad a bañar a esta muchacha; metedla en el baño, que es la flor esta de nuestro señor que le llamamos Temescalli, a donde está y donde cura y ayuda la abuela, diosa de temascalli que se llama Yoaltícitl.

Hay que hacer notar que la invocación a la diosa Quilaztli tiene sentido, pues fue en ella donde Quetzalcóatl depositó los huesos recogidos en el Mictlan para que hubiera vida. A continuación se calentaba el *temascal* o baño de vapor y la partera tocaba el vientre de la embarazada para ver en que posición venía el niño. Son interesantes los consejos que le dan a la parturienta, entre los que se encuentran los siguientes: que no durmiera durante el día o el niño nacería con la cara deforme; que no mirara nada de color rojo para que no naciera de lado; que no ayunara ni comiera tierra; que no cargara cosas pesadas o se enojara o espantara, ya que podía afectar al niño; que no tuviera relaciones sexuales con su marido, sobre todo al acercarse el momento del parto, pues de lo contrario nacería cubierto con una viscosidad blanca que podría causar problemas; en fin, muchos eran los consejos que se daban a la joven para que el embarazo culminara de manera normal. Llegado el momento, se metía a la embarazada al temascal y se le bañaba, dándole a beber una yerba molida y cocida con agua que llamaban *cihuapactli*, que ayudaba a las contracciones. Si esto no era suficiente y no se provocaba el parto, se le daba a beber cola de *tlacuache* molida que actuaba con mayor intensidad para provocar las contracciones. Si persistía en no nacer, se le llevaba nuevamente al temascal y la partera introducía su mano para tratar de voltear al niño. Si este moría en el interior de la matriz, con gran habilidad metía su mano y con una fina navaja cortaba el cuerpo y lo extraía para evitar la muerte de la madre. Si todo se desarrollaba normalmente, la partera se colocaba en cuclillas y con sus manos ayudaba abriendo los glúteos para facilitar el parto. Esta posición la vemos representada en códices como el *borbónico*, donde la diosa Tlazoltéotl está dando a luz y también en piezas arqueológicas, como la muy conocida escultura de la colección Bliss, donde la mujer está en cuclillas y su rostro muestra el rictus de dolor y esfuerzo que hace para expulsar al niño. Si todo salía bien, la partera daba grandes voces como lo hacen los guerreros, pues se consideraba que el parto era un combate y que al nacer el niño, éste era un prisionero. Acto seguido, la partera procedía a cortar el cordón umbilical. Si era niño, se le entregaba a un guerrero de la familia para que lo enterrase en el campo de batalla, como una liga mágica para que el varón fuera guerrero; si era niña, se enterraba dentro de la casa junto al fogón para que tuviera apego a las cosas del hogar. Todo esto se hacía con extensas alocuciones al recién nacido conforme a su sexo.

De inmediato se procedía a lavar a la criatura mientras se le dirigían palabras haciéndole ver que el agua quitaba la suciedad. Entre otras cosas, se le decía cómo había sido engendrada por la acción de los dioses supremos que habitan en el treceavo cielo: "[…] fuiste formada en el lugar donde están el gran dios y la gran diosa, que es sobre los cielos, formoos y os crió vuestra madre y vuestro padre que se llama Ometecutli y Omecihuatl […]".

Para saber el destino del recién nacido se acudía al *tonalpouhque*, sacerdote especializado en leer el *tonalámatl* o códice que contenía la cuenta de los días, quien debía saber la hora del parto, si fue en la noche o en el día, y con estos datos consultaba el tonalámatl para ver si la tendencia le era favorable o no, pues en ello influía si se trataba de un día afortunado o por el contrario, un mal día, todo lo cual se lo comunicaba a los padres. El tonalpouhque señalaba el día en que se haría el "bautizo" de la criatura y por sus servicios recibía mantas, comida y bebida. Hay que aclarar que este "bautizo", así llamado por Sahagún, en realidad era toda una ceremonia por medio de la cual al varón se le afirmaba el carácter guerrero y se le ofrendaba un pequeño escudo, un arco y cuatro flechas, en tanto que a la niña se le entregaban los enseres para el telar. Estaba acompañado del lavado de las partes del cuerpo y el agua que se le echaba era para que reverdeciera a manera de una planta.

Educación

Los primeros años el niño los pasaba con sus padres, a quienes ayudaba en las labores del hogar. Los aconsejaban conforme a su sexo, y son conocidas las palabras que se les dirigían por parte del padre al hijo o a la hija y de la madre a la hija. Veamos un ejemplo de cada uno:

> Nota, hijo, que la humildad y el abatimiento de cuerpo y de alma, y el lloro, y las lágrimas y el suspirar, ésta es la nobleza y el valer y la hon-

ra; mira, hijo, que ningún soberbio ni erguido ni presuntuoso, ni bullicioso, ha sido electo por señor, ningún descortés, malcriado, deslenguado, ni atrevido en hablar, ninguno que habla lo que se le viene a la boca, ha sido puesto en el estrado y trono real; y si en algún lugar hay algún senador que dice chocarrerías o palabras de burla, luego le ponían un nombre tecucuecuechtli, que quiere decir truhán […]

La madre dirigía largas disertaciones a la hija; entre ellas le decía:

Hecho esto comienza luego a hacer lo que es de tu oficio, o hacer cacao, o moler el maíz, o a hilar, o a tejer; mira que aprendas muy bien cómo se hace la comida y bebida, para que sea bien hecha; aprende muy bien a hacer la buena comida y buena bebida, que se llama comer y beber delicado para los señores […]

En el *Códice mendocino* vemos cómo la madre enseña a la hija el manejo del telar y el joven realiza diversas labores. También había castigos para quienes no cumplían con sus obligaciones. Una de ellas era pegarles con varas o picarlos con púas de maguey. Otra era quemar chiles y poner al niño sobre el humo.

Llegado el momento, los padres entregaban a sus hijos a cualquiera de las dos escuelas de las que hablamos páginas atrás: el Calmécac o el Telpochcalli. Los padres decían palabras de consejo al hijo para que supiera los trabajos y las enseñanzas que recibiría:

Oye lo que has de hacer, que es barrer y coger las barreduras, y aderezar las cosas que están en casa; haste de levantar de mañana, velarás de noche; lo que te fuere mandado harás, y el oficio que te dieren tomarás; y cuando fuere menester saltar, o correr, para hacer algo, hacerlo has; andarás con ligereza, no seas perezoso, no serás pesado, lo que te mandaren una vez, hazlo luego […]

El doctor Jacques Soustelle piensa que en el Telpochcalli la vida era menos rigurosa que en el Calmécac:

El telpochcalli formaba ciudadanos de tipo "medio" —lo que no impedía que alguno de entre ellos llegara a alcanzar los grados más altos—, dejaba a sus alumnos mucha más libertad y los trataba con mucho menos rigor que la escuela sacerdotal.

Una vez terminada su preparación o cuando iban a contraer matrimonio, los jóvenes dejaban su escuela y se disponían a buscar novia, lo cual se hacía con gran cantidad de intervenciones familiares y floridas palabras de una parte y otra.

Matrimonio

Nos describe Sahagún cómo los padres reunían a los parientes para decirles que había llegado la hora de buscarle mujer a su hijo "por que no haga alguna travesura". Después llamaban al hijo y delante de los parientes se le decía que pidiese permiso a sus maestros en el Telpochcalli para tal fin. Se preparaba comida y se invitaba a los maestros. La ceremonia incluía el colocar un hacha para que los maestros la tomasen si estaban de acuerdo con que el joven se separara de la escuela. Así decía uno de los parientes del mancebo:

> Aquí estáis presentes, señores y maestros de los mancebos; no recibáis pena porque vuestro hermano N., nuestro hijo, se quiere apartar de vuestra compañía, ya quiere tomar mujer; aquí está esta hacha que es señal de cómo se quiere apartar ya de vuestra compañía, según es la costumbre de los mexicanos; tomadla y dejad a nuestro hijo.

Los maestros, o *telpochtlato*, respondían mostrando su acuerdo y recogían el hacha. Después venía la selección de la moza, para lo cual se reunían los parientes del joven y deliberaban acerca de cuál sería la elegida. Una vez determinado el punto, enviaban ancianas "que tienen el oficio de intervenir en los casamientos" a la casa de la novia para hacer la solicitud, lo que se hacía con "mucha retórica y con mucha parola". En la primera reunión se les despachaba sin resultado alguno y las citaban para otra ocasión. Al cuarto día acudían una vez más y se les decía que era menester ver la opinión de los parientes de la moza:

> Señoras nuestras, esta mozuela os da fatiga en que la buscáis con tanta importunación para mujer de ese mancebo que habéis dicho. No sabemos cómo se engaña ese mozo que la demanda, porque ella no es para nada y es una bobilla; pero pues que con tanta importunación habláis en este negocio, es necesario que, pues que la muchacha tiene tíos y tías, y parientes y parientas, será bien que todos juntos vean lo que les parece, veamos lo que dirán y también será bien que la muchacha entienda esto; y así, veníos mañana y llevaréis la determinación y conclusión de este negocio.

Acordado el asunto, los parientes ancianos del mozo acudían con los adivinos para ver qué día era el mejor para la boda. Días propicios lo eran *ácatl* (caña), *ozomatli* (mono), *cipactli* (cocodrilo), *cuauhtli* (águila) y *calli* (casa). Llegado el día, bañaban a la novia, la peinaban y aderezaban, transportándola a la casa del novio donde se les ponía a ambos junto al hogar, ella a la izquierda del varón. Se daban regalos de parte de las suegras a su nuera o a su yerno y:

> Hecho esto[,] las casamenteras ataban la manta del novio, con el huipilli de la novia, y la suegra de la novia iba y lavaba la boca a su nuera, y ponía tamales en un plato de madera junto a ella, y también un plato con molli, que se llama tlatonilli; luego daba a comer a la novia cuatro bocados, los primeros que se comían, después daba otros cuatro al novio, y luego a ambos juntos los metían en una cámara y las casamenteras los echaban en la cama, y cerraban las puertas y dejábanlos a ambos solos.

A los cuatro días se sacaba al patio la estera *(pétatl)* donde se habían acostado y se sacudía con cierta ceremonia, para volverla a colocar en su lugar. De allí en adelante cada quien desarrollaba los trabajos que les correspondían dentro de la sociedad. De la ceremonia del casamiento tenemos una magnífica represtación en el *Códice mendocino*.

Vejez y enfermedad

Los ancianos eran sumamente respetados. Ya vimos en varios pasajes cómo su opinión y consejo era escuchado y hay que tomar en cuenta que uno de los dioses principales del panteón mexica era Huehuetéotl, dios viejo y del fuego, al que se representaba encorvado, desdentado y con arrugas en el rostro. Los ancianos podían beber pulque en cualquier ocasión y por sus años se les consideraba personas con experiencia y sabiduría. Al respecto nos dice Sahagún: "El viejo es cano, tiene la carne dura, es antiguo de muchos días, es experto, ha experimentado muchas cosas; ganó honra, es persona de buenos consejos y castigos; cuenta las cosas antiguas, y es persona de buen ejemplo".

En cuanto a las enfermedades, los dioses desempeñaban un papel importante en enviarlas y tenemos representaciones de algunas que eran notorias, como la parálisis facial, que guardaba relación con Tláloc. En otras culturas mesoamericanas tenemos figuras con pie Bot o equinovaro, pústulas, tuberculosis ósea y a través de los huesos se han podido detectar algunas más, incluidos cráneos con marcas luéticas, pero es en las crónicas donde vemos la enorme cantidad de enfermedades que padecían y la manera que tenían de curarlas. Buena cuenta nos proporciona Sahagún de ellas. Sería demasiado largo enumerarlas, pero ya hablamos del buen médico y de los conocimientos que poseía de los remedios tanto de origen animal como vegetal y mineral. Llegado el momento de la muerte se hacían diferentes prácticas, de las que hablaremos a continuación.

Muerte

Relata fray Bernardino de Sahagún en el apéndice del libro III de su *Historia general de las cosas de la Nueva España* los lugares y ceremonias que se hacían una vez que el individuo moría. Tres eran los lugares a los que irían las esencias del individuo conforme a la manera en que se moría: el Tlalocan, lugar donde habitaba Tláloc, señor de la lluvia, y sus ayudantes, los tlaloques. A este lugar se le consideraba abundante en plantas y en constante verano. A él iban quienes morían de algo relacionado con el agua: hidrópicos, ahogados, por un rayo; en fin, todo aquello que estuviera bajo la jurisdicción del dios del agua. La forma de enterramiento de quienes morían en estas circunstancias era colocarles semillas de bledo en las quijadas, pintarles de azul la frente, adornarlos con papeles en varias partes del cuerpo y colocarles una vara en las manos. Después se les enterraba. Fray Bartolomé de Las Casas también se refiere a la manera en que enterraban a sus muertos en el caso de no tener el cuerpo: "A los que morían ahogados, no pudiendo haber sus cuerpos, hacían sus figuras y poníanles las insignias del dios del agua, porque, pues los había llevado, lo hiciese bien con ellos".

Situación diferente era la que se daba en el caso de quienes morían en la guerra o eran capturados y sacrificados a los dioses, incluidas las mujeres muertas en parto, pues ya dijimos cómo el morir en el trance de dar a luz se consideraba un combate. A los guerreros varones se les destinaba acompañar al Sol desde el amanecer hasta el mediodía entonando cantos de guerra y haciendo peleas de regocijo. El rumbo oriental del universo que estos guerreros recorrían correspondía al rumbo de lo masculino, en tanto que el lado poniente era de lo femenino, por lo que al llegar al mediodía y hasta el atardecer, quienes acompañaban al Sol eran las mujeres guerreras muertas en parto. El cuerpo de los guerreros, al igual que el de los tlatoani, era incinerado y el ritual revestía características especiales cuando no se recuperaba el cuerpo, ya que se le quemaba en el lugar del combate y sus cenizas eran recogidas y trasladadas a la ciudad, donde se hacían efigies de los guerreros que eran quemadas después de ceremonias en su honor. En el Templo Mayor se han encontrado urnas funerarias que contenían restos cremados de guerreros. En el caso de las mujeres muertas en parto, se les consideraba como *mocihuaquetzque* o "mujeres valientes", o *cihuateteos* o "mujeres diosas". Antes de ser enterrado el cuerpo, se le lavaba, se le vestía y el esposo la cargaba:

> [...] luego se juntaban todas las parteras y viejas y acompañaban el cuerpo; iban todas con rodelas y espadas y dando voces como cuando vocean los soldados al tiempo de acometer a los enemigos, y salíanlas al encuentro los mancebos que se llaman *telpopochtin*, y peleaban con ellas por tomarlas el cuerpo de la mujer, y no peleaban como de burla, o como por vía de juego, sino peleaban de veras.

Si lograban tomar el cuerpo, luego le cortaban el dedo central de la mano izquierda y el cabello, pues con ello tendrían valor y arrojo en el combate, además de que cegaba a los enemigos. Los ladrones también trataban de robar el cuerpo ya que si cortaban el brazo izquierdo con él podrían encantar a los habitantes de las casas para robarlos. Por eso es que el esposo, los amigos y los parientes cuidaban el cuerpo durante cuatro noches en el patio del templo de las *cihuapipiltin*, lugar destinado para su entierro.

Hay que mencionar aquí algo importante. Resulta que de todas las formas de muerte la única en la que se depara trascender después de la muerte es a la ocurrida en combate. Se dice que pasados cuatro años los guerreros muertos en combate se convertían en aves o mariposas que libaban las flores. Varios cantos han llegado hasta nosotros en los que, por un lado, se desea morir en la guerra y, por el otro, se habla de transformarse en aves. Veamos un ejemplo de cada uno de ellos:

> Esmeraldas
> turquesas,
> son tu greda y tu pluma,
> ¡oh por quien todo vive!
> Ya se sienten felices
> los príncipes
> con florida muerte a filo de obsidiana,
> con la muerte en la guerra

El otro poema dice así:

> Por eso ya se fueron, se fueron,
> los príncipes chichimecas.
> El rey Motecuzama, Chahuacueye, Cuayatzin,
> ellos, que al colibrí se hicieron semejantes.

A quienes morían de cualquier otro tipo de muerte no relacionada con el agua o la guerra les estaba destinado ir al Mictlan. Este lugar se describe como un sitio muy ancho, oscurísimo, que no tiene luz ni ventanas, lugar de los descarnados. En realidad el Mictlan era una matriz en la que estaban los huesos de los antepasados en espera de que llegara el momento para darles vida. Esto ocurrió, conforme relata el mito, cuando Quetzalcóatl bajó al inframundo acompañado de su *nahual* o doble y se presentó ante los señores del mundo de los muertos, Mictlantecuhtli y Mictlancíhuatl, y les pidió los huesos y subió con ellos para depositarlos en el lebrillo de la diosa Quilaztli y mezclarlos con la sangre de su miembro viril, con lo que logró dar vida al género humano.

A quien le estaba deparado ir a este lugar, al momento de la muerte un anciano le dirigía las siguientes palabras según nos relata Sahagún:

> Oh, hijo, ¡ya habéis pasado y padecido los trabajos de esta vida; ya ha sido servido nuestro señor de os llevar porque no tenemos vida permanente en este mundo y brevemente, como quien se calienta al sol, es nuestra vida; hízonos merced nuestro señor que nos conociésemos y conversásemos los unos a los otros en esta vida y ahora, al presente ya os llevó el dios que se llama Mictlantecuhtli, y por otro nombre Aculnahuácatl o Tzontémoc, y la diosa que se dice Mictecacíhuatl, ya os puso su asiento, porque todos nosotros iremos allá, y aquel lugar es para todos y es muy ancho, y no habrá más memoria de vos [...].

Después venía la preparación del cadáver para lo cual se le encogían las piernas atándolas para preparar el bulto mortuorio. Se le

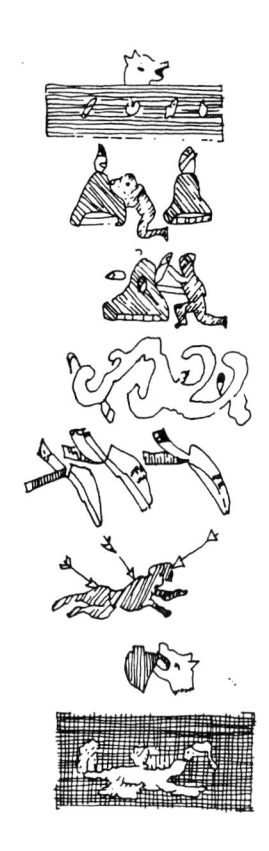

Lámina 29. Diversos pasos que hay que atravesar para llegar al Mictlan *(Códice Vaticano 3738)*.

echaba agua en la cabeza y se le decía: "Ésta es de la que gozásteis viviendo en el mundo"; después le ponían una jarra con agua entre las mantas con que se envolvía el cuerpo y se le decía: "Veis aquí con qué habéis de caminar". Quedaba así amortajado el cuerpo con mantas, papel y fuertemente amarrado. Previamente se había colocado una piedra verde o chalchihuite en la boca del muerto si éste era noble; si era gente del pueblo se le colocaba una de obsidiana. A medida que se envolvía el cuerpo y se adornaba con papeles se le decían los lugares por donde habría de pasar para llegar al Mictlan: dos sierras que chocan entre sí; la culebra que guarda el camino; el lugar de la lagartija verde; atravesar ocho páramos y ocho collados; pasar

Lámina 30. *Tlaltecuhtli*, "Señor de la Tierra". Su misión era la de devorar los cadáveres y comerse su carne y sangre.

por donde está el viento frío de navajas; después debían de cruzar el río Chiconahuapan montados en un perro color bermejo, paso previo para llegar al Mictlan. Hay que mencionar que antes de estos pasos el cuerpo era devorado por Tlaltecuhtli, Señor de la Tierra, al que se representaba con una enorme boca y dientes afilados para cumplir su misión de devorador de los cadáveres.

Después de esto, el cuerpo era quemado, para lo cual los ancianos se dividían el trabajo: dos de ellos quemaban el cuerpo y otros dos lo "alanceaban" con palos, en tanto que otros entonaban cánticos. Terminada la cremación, rociaban las cenizas y las colocaban dentro de una olla para ser enterradas debajo del piso de algún cuarto. En Tlatelolco se han encontrado individuos colocados en el interior de grandes ollas en posición fetal y gran cantidad de enterramientos que tienen esa misma posición, acompañados de sus ofrendas. No se sabe a ciencia cierta el tipo de muerte que tuvieron.

En lo que se refiere al número 9, que son los escaños para bajar al Mictlan, hemos mencionado en otra ocasión cómo guarda estrecha relación con el tiempo que dura el embarazo de la mujer. Los meses nahuas eran de 20 días, por lo que no podemos hablar de nueve meses como ocurre en nuestra cultura actual. Pero sí podemos referirnos a nueve lunaciones, ya que el ciclo menstrual femenino dura lo mismo que el ciclo lunar. Estos pueblos observaban que la detención del flujo menstrual era signo de que había vida en el interior de la mujer. Después de nueve detenciones menstruales venía el parto con los peligros que corría el feto durante ese lapso. Pues bien, cuando el individuo moría tenía que hacer el recorrido a la inversa; de allí que se le colocara en posición fetal como ya se dijo, con las piernas encogidas y se le echaba agua para que estuviera en el mismo ambiente en que estuvo dentro de la matriz. Tenía que atravesar un río similar al agua o líquido amniótico que precede al parto y pasar por acechanzas antes de llegar al último nivel: el Mictlan.

Había un cuarto lugar, a donde iban los niños que morían, conocido como Chichihuacuauhco, donde se encontraba un árbol nodriza que amamantaba a los niños en tanto que se les deparaba volver a nacer. Existe una figura de este árbol en el *Códice Vaticano A* 3738.

Con lo anterior hemos dado un vistazo a vuelo de pájaro a las particularidades del ciclo de vida del mexica. Pasemos ahora a ver la cosmovisión de este pueblo.

VIII. Cosmovisión y calendario

Cuenta la *Historia de los mexicanos por sus pinturas*, manuscrito del siglo XVI, cómo fueron los dioses quienes crearon todo lo existente. Pasados 600 años —nos dice el relato— del nacimiento de cuatro dioses hermanos, hijos de la dualidad suprema Tonacatecuhtli, se juntaron para ver cómo se harían las cosas, designando a Quetzalcóatl y a Huitzilopochtli para que crearan primero el fuego, después hicieron medio sol y crearon a la pareja primigenia: Oxomoco y Cipactónatl, a quienes mandaron que labrasen la tierra, en el caso del primero, y a ella que tejiese y curase a la gente, y le dieron granos de maíz para hacer hechicerías. De ellos nacerían los macehuales. Los actos de creación se suceden uno a otro y es así como vemos el orden siguiente: primero se hicieron los 365 días divididos en 18 meses de 20 días cada uno, más los cinco días aciagos o *nemontemi*. Con esto se establece el calendario solar. A continuación crearon los niveles del universo, por lo que hicieron a los dioses Mictlantecuhtli y Mictlancíhuatl, "marido y mujer", dualidad que ocupó el Mictlan o noveno escaño del inframundo. Luego crearon los 13 niveles celestes y en medio establecieron el agua en donde crearon al Cipactli o especie de cocodrilo que formó la tierra. De esta manera quedó estructurado el orden universal con la tierra, donde habita el hombre, y los niveles celestes y el inframundo. Los cuatro rumbos del universo fueron ocupados por Tezcatlipoca en diferentes variantes en tanto que el centro, desde los niveles celestes hasta el inframundo, estaba ocupado por la dualidad por excelencia con sus diferentes nombres: Ometéotl y Omecíhuatl, o, por otro nombre, Tonacatecuhtli y Tonacacíhuatl, que ocupaban el treceavo cielo; Huehuetéotl o Xiutecuhtli, dios viejo, señor del fuego y del año, que ocupaba el centro del nivel terrestre, y la pareja ya mencionada del Mictlan.

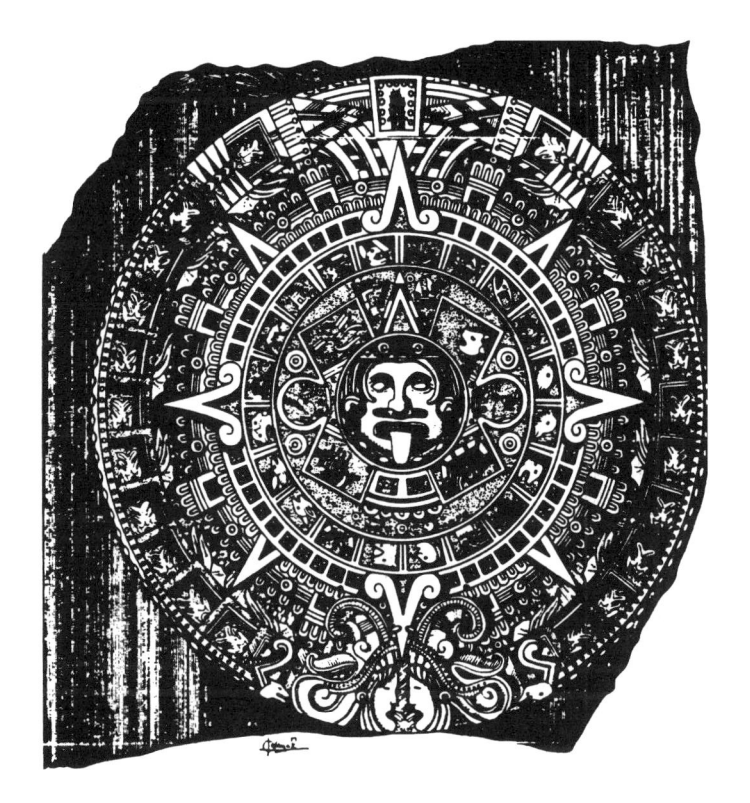

Lámina 31. Piedra del Sol o Calendario Azteca, encontrada el 17 de diciembre de 1790 en la plaza mayor de la ciudad de México.

Con lo anterior, queda claro que los dioses fueron quienes crearon el universo y al hombre mismo. Y ya que hemos usado el término "cosmovisión", diremos que con este concepto entendemos la manera en que estos pueblos concebían el orden universal. Una manera de definirla podría ser: "[...] este conjunto de ideas y de pensamientos, este orden estructurado de concebir el lugar que los dioses, los astros, la Tierra y el hombre mismo tienen en el universo, y la explicación que de ello se deriva, es lo que denominamos cosmovisión".

Por su importancia en el diario devenir veamos cómo estaba es-

Lámina 32. Concepto del universo dividido en cuatro rumbos. En medio está el dios viejo y del fuego, Xicehtecutli-Huehuetéotl. *(Códice Fejérvary-Mayer).*

tructurado el calendario anual, pues cada veintena estaba dedicada a determinado dios y en ellas se verificaba una serie de ceremonias y festividades. Uno de los investigadores que ha estudiado este tema es Michel Graulich en su libro *Ritos aztecas*, por lo que a él acudiremos en lo que se refiere al calendario vigente en 1519, al igual que a los cronistas y a códices como el *borbónico*. Como siempre ocurre, existe diversidad de opiniones en cuanto a la posición de los meses. Comenzaremos con el primer mes del año que, según Sahagún, era Atlcahualo.

Atlcahualo (del 13 de febrero al 4 de marzo)
Dedicado a los tlaloques o ayudantes del dios de la lluvia, Tláloc. Se celebraba con sacrificios de niños en los montes, lugar donde se formaban las nubes que traían el agua. Los niños eran transportados en literas adornadas y si lloraban era síntoma de que habría abundante lluvia. Aunque era temporada de secas, la fiesta era la manera de atraer la atención de los tlaloques y prevenir una buena temporada que hiciera crecer las plantas.

Tlacaxipehualiztli (del 5 al 24 de marzo)
En honor de Xipe Tótec, nuestro señor el Desollado. Era una fiesta del surgimiento del Sol y de regeneración de la primavera, en la que se sacrificaban cautivos de guerra y esclavos. Una manera particular de sacrificio era el que se hacía sobre una piedra circular o *temalácatl*, que por lo general estaba labrada con un sol en su parte superior y con escenas de los triunfos militares de los gobernantes alrededor. Conocemos dos de ellas: la encontrada en 1791 cerca de la Catedral y la otra procedente del Palacio del Arzobispado. Al prisionero se le ataba con una soga a la cintura o al pie y se le "armaba" con una macana sin piedras de obsidiana, con lo que tenía que combatir en clara desventaja en contra de guerreros perfectamente armados. Así, el prisionero a veces prefería la muerte de inmediato. Al parecer, ya herido, se le pasaba a la Piedra del Sol y allí se le extraía el corazón. El sacrificado tenía relación con la mazorca de maíz. La piel de los sacrificados servía para que los sacerdotes se revistieran con ella y ésta representaba las impurezas que después se desechaban. Por otra parte, se ha identificado a Xipe, como lo hicieron Tezozómoc y Durán, con el Tezcatlipoca Rojo, que rige el rumbo oriental del universo, es decir, el rumbo masculino por donde nace el Sol, y es acompañado por los guerreros muertos en combate o en sacrificio.

Tozoztontli (del 25 de marzo al 13 de abril)
En honra de Tláloc, dios de la lluvia, se sacrificaba a niños en los montes para que la lluvia fuera propicia y abundante. También se

ofrecía flores a Coatlíicue y a Chicomecóatl como agradecimiento por la abundancia recibida. Los que traían puestos los pellejos o pieles del mes anterior que "iban hediendo como perros muertos", según Sahagún, se las quitaban y las colocaban en el interior de una cueva y se bañaban con muchas ceremonias. Era una fiesta fundamentalmente relacionada con la agricultura.

Huey Tozoztli (del 14 de abril al 3 de mayo)
Estaba dedicada a Centéotl, dios del maíz tierno y a Chicomecóatl, diosa de la agricultura. Las personas salían a las sementeras con gran vocerío a recoger tallos de maíz tierno que llevaban ante la diosa y del mismo modo lo hacían con los granos que habían de sembrarse. Aquí vemos una contradicción, ya que siendo el inicio de la temporada de lluvias difícilmente habría plantas en crecimiento, lo que se debe al desfasamiento que estas fiestas sufrieron. Graulich piensa que más bien se trata de una ceremonia de fin de la cosecha. Lo que resulta importante es ver la necesidad relacionada con la producción agrícola y el número de fiestas dedicadas a las deidades que tenían relación con el proceso de la siembra.

Toxcatl (del 4 al 25 de mayo)
En este mes comenzaban las lluvias. Graulich piensa que en realidad esta veintena correspondería a diciembre, es decir a mitad de la temporada de secas, ya que el nombre del mes parece interpretarse como "sequía". Estaba dedicada al Tezcatlipoca negro y un joven guerrero prisionero lleno de virtudes personificaba a la deidad. Tenía todo tipo de lujos y recorría las calles fumando y tocando una flauta. Se le entregaban cuatro mujeres como esposas que representaban a deidades como Xochiquetzal, Xilonen, Atlantonan y Uixtocíhuatl. Llegado el momento, se le sacrificaba en lo alto del templo al cual subía tocando flautas que rompía a medida que llegaba a la parte alta. Allí se le sacaba el corazón y se ofrendaba al Sol. También había ciertos rituales de sacrificio en honor de Huitzilopochtli.

Etzalcualiztli (del 24 de mayo al 12 de junio)
El nombre significa "comer el *etzalli*", comida consistente en una sopa de maíz y frijoles. Estaba dedicada a Tláloc y a Chachiutlicue, su esposa, y a los tlaloques, en cuyo honor se sacrificaban personas. Era una fiesta dedicada a la abundancia y los sacerdotes del culto iban al remolino de Pantitlan a arrojar dones. "Era la gran fiesta de Tláloc", nos dice Graulich, y por ende de los sacerdotes. Especialmente se honraba la parte telúrica de este dios y a su esposa Chalchiutlicue.

Tecuílhuitl (del 13 de junio al 2 de julio)
Esta veintena estaba dedicada a Uixtocíhuatl, diosa de la sal, hermana de los tlaloques. Las mujeres danzaban y en medio de ellas estaba una mujer que personificaba a la diosa y que sería sacrificada en el templo de Tláloc. La noche previa se cantaba y danzaba y al día siguiente todos los participantes llevaban flores de cempoalxóchitl. Ya en el templo, primero se sacrificaba a los cautivos y después a la mujer.

Uey Tecuilhuitl (del 3 al 22 de julio)
Los maizales están en pleno crecimiento, por lo que no es de extrañar que la fiesta esté dedicada a Xilonen, diosa del maíz tierno. Una característica era dar de comer a los necesitados y durante ocho días había danzas y se preparaba a una doncella virgen que ataviaban como a la diosa. Bailando llegaban al templo y subían a la doncella; al llegar arriba, una persona la tomaba y la cargaba espalda contra espalda y se le degollaba para de inmediato sacarle el corazón y ofrendarlo al Sol. Hay que subrayar que Xilonen guarda relación con la Luna y por tal razón con el ciclo menstrual, de ahí que la decapitación sea la manera de morir de la diosa. Ya con anterioridad habíamos hecho ver que la decapitación y el desmembramiento tienen estrecha relación con la Luna por las varias fases por las que ésta atraviesa. Por eso Coyolxauhqui es representada también decapitada y desmembrada. Por lo tanto, esta fiesta se relaciona con la aparición del ciclo menstrual y la posibilidad, por lo tanto, de dar vida; de ahí su asociación con el maíz en crecimiento.

```
                    OMEYOCAN
                        |
                        |
                        | 13 Cielos
                      E |
```

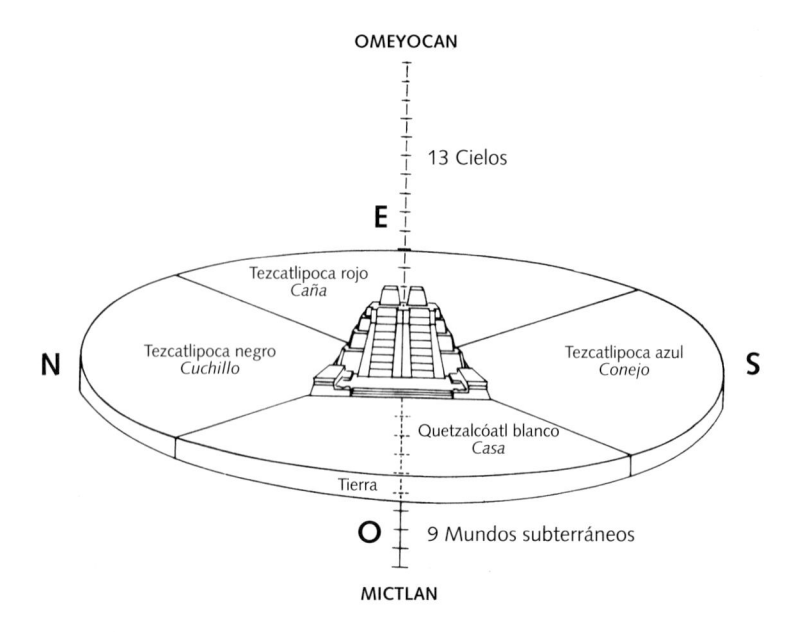

Tezcatlipoca rojo
Caña

Tezcatlipoca negro
Cuchillo

Tezcatlipoca azul
Conejo

Quetzalcóatl blanco
Casa

Tierra

O   9 Mundos subterráneos

MICTLAN

Lámina 33. Concepto del universo dividido en cuatro rumbos y 13 cielos y nueve inframundos.

Tlaxochimaco o Miccailhuitontli (del 23 de julio al 13 de agosto) El primer nombre con que se conoce esta veintena significa "ofrenda de flores"; el segundo, "fiesta menor de los muertos". Se recogían flores y se adornaban los templos a la vez que se preparaban festines con tortas de maíz, pavos y perros. Se ofrendaba a Huitzilopochtli y a todos los dioses. Se hacía una danza en la que los jóvenes guerreros danzaban con prostitutas. También se ofrendaba a los muertos niños y se cortaba un árbol de gran tamaño llamado *xócotl* que se utilizaría en la siguiente veintena o "fiesta grande de los muertos".

Xócotl Huetzi o Huey Miccaílhuitl (del 14 al 31 de agosto) "El fruto cae" y "fiesta grande de los muertos" son los nombres que se le asignan a este mes. Se podaba de ramas el árbol recogido desde la veintena anterior y se le colocaba una figura de *tzoalli* en la parte alta con cuerdas largas que caían y por las cuales trataban de subir los jóvenes para apoderarse de la figura, lo que una vez logrado se tiraba al suelo donde trataban de tomar parte de la masa de que estaba hecha. La fiesta estaba dedicada a Xiuhtecutli, Señor del Fuego, en cuyo honor se sacrificaban personas atadas de pies y manos arrojándolas al fuego y sacándolas para extraerles el corazón. También se honraba a Otontecuhtli, que no es otro que Huehuetéotl-Xiuhtecutli, dios viejo y del fuego. En relación con los muertos, el *xócotl* o "fruto que cae" era, según Graulich, "el prototipo de los difuntos gloriosos que volvían a la tierra".

Ochpaniztli (del 1 al 20 de septiembre)
Estaba dedicado a tres diosas: Toci, Atlantonan y Chicomecóatl. Era una veintena en que se escogía una mujer que representaba a cada una de las diosas. Por ejemplo, una mujer de unos 40 años se ataviaba como la diosa Toci y se le subía al templo, donde se le cargaba espalda contra espalda, se le decapitaba y se le quitaba la piel de la que se revestía un joven. Luego iban al templo de Huitzilopochti, y ahí se sacrificaban cautivos y se hacía alarde de los jóvenes que nunca habían ido a la guerra, dándoles divisas y armas para que fueran al combate. Esta fiesta se conoce como del "barrido", ya que tanto las casas como los caminos se barrían a manera de purificación, renovación y "limpieza". El despellejamiento de la víctima nos recuerda la fiesta de Tlacaxipehaliztli, que también tiene relación con la renovación y con Huey Tecuílhuitl, donde se sacrificaba a una mujer de la misma manera en que se hizo con Toci. Quiero mencionar aquí una hipótesis que he planteado acerca de por qué en este mes se formaban soldados, y es que era el momento en que se iba a iniciar la cosecha y los graneros enemigos pronto estarían llenos del producto agrícola, momento en que se aprovechaba para ir al combate, ya que buena parte de la mano de obra que había estado destinada a la agricultura ahora estaba disponible para la guerra.

Teotleco (del 21 de septiembre al 10 de octubre)
Significa "los dioses llegan". A los quince días de esta veintena los jóvenes adornaban con ramas los altares tanto de las casas como los de los caminos, por lo que recibían maíz. Se hacían fiestas en que se bebía pulque y al final del mes se esperaba la llegada de los dioses, para lo cual se colocaba un montón de harina de maíz sobre un petate y si aparecía la huella de un pie sobre él era indicio de que habían llegado, lo cual se proclamaba con música de viento. El primero en llegar era Tezcatlipoca el joven y los últimos eran el dios de los mercaderes, Yacatecuhtli, porque venía de lejos, y el dios viejo y del fuego, Xiuhtecutli, por su avanzada edad. Esto se acompañaba con sacrificios de prisioneros que se arrojaban vivos en una hoguera. En general, esta festividad coincidía con el comienzo de la cosecha, que se esperaba fuera abundante; de ahí la relación con el pulque y las deidades relacionadas con él, donde la figura del conejo era relevante como símbolo de abundancia y fertilidad.

Tepeílhuitl (del 11 al 30 de octubre)
Significa "fiesta de los cerros" y estaba dedicada al numen principal de la lluvia y a sus ayudantes los tlaloques. Bien sabemos cómo en lo alto de los cerros se formaban las nubes que traían la lluvia. En la lámina correspondiente del *Códice borbónico* vemos a Tláloc en lo alto de un cerro. Se hacían imágenes de tzoalli de algunos cerros y también culebras de madera o raíces así como palos llamados *ecatotonti*, éstos en honor de los dioses del viento. Se colocaban en altares y se les ofrendaban tamales y otros alimentos. Estas figuras también recordaban a los que habían tenido una muerte relacionada con el agua. La fiesta se conmemoraba con el sacrificio de cuatro mujeres y un hombre. Las primeras representaban deidades femeninas como Mayáhuel, deidad asociada al pulque; Tepépoch; Matlalcueye y Xochináuatl. El hombre era Milnáhuatl o representante de la serpiente *(cóatl)*, el cual tiene un carácter fecundador como el de la coa o instrumento para sembrar; de allí que se represente por un hombre en relación con el miembro masculino. Las mujeres subían para ser sacrificadas en el templo de Tláloc y bajados los cuerpos se les decapitaba y re-

partía en los templos y casas del *calpulco* para ser comidos. Cabe resaltar la relación con el pulque y la muerte ritual de dioses asociados a él. La veintena caía en el momento del año en que se terminaba de cosechar, de ahí que no es de extrañar que todo el ritual tuviera un carácter de abundancia y sirviera para tener contentos a los dioses del agua para que en la próxima temporada otorgaran sus dones.

Quecholli (del 31 de octubre al 19 de noviembre)
Este mes era en honor de Mixcóatl-Camaxtli, considerado como deidad de la cacería, por lo que se hacía en el cerro de Zacaltepec una batida que arrojaba gran cantidad de animales cazados. También se hacían dardos para la guerra durante cuatro días y después se colocaban al pie del templo de Huitzilopochtli. Preparaban haces de cuatro pequeñas saetas con teas y las ponían sobre las tumbas de los guerreros muertos durante todo un día y en la noche las quemaban. Es importante observar que la preparación para la guerra, ejercitando el manejo de arco y flecha, se hacía en este mes, pues como dijimos con anterioridad era el momento adecuado para ir sobre el enemigo. A Camaxtli también se le identifica con Venus y por ende con los *mimixcoas* o estrellas del norte.

Panquetzaliztli (del 20 de noviembre al 9 de diciembre)
Era una fiesta esencialmente dedicada a Huitzilopochtli, dios solar y de la guerra. Capítulos atrás nos hemos referido a ella al ver que los diversos eventos de la festividad vuelven a reactualizar lo ocurrido en el cerro sagrado de Coatepec con el nacimiento de Huitzilopochtli y su combate en contra de los huitznahuas o estrellas del sur encabezados por Coyolxauhqui, deidad lunar, que representan los poderes nocturnos, femeninos, que culminaba con el sacrificio de esclavos y cautivos de guerra en el Templo Mayor, edificio que es la imagen viva del cerro sagrado y depositario del mito. Es en diciembre cuando el Sol declina más al sur y se da el solsticio de invierno; de ahí la relación de Huitzilopochtli con ese rumbo del universo al cual rige, expresado también en el combate en contra de los sureños (huitznahuas) y en el nombre mismo de la deidad: "colibrí zurdo".

La región sur era, por otro lado, rica en piedras verdes y productos marinos y agrícolas, de ahí el interés en controlarla. Como se ve, fueron razones religiosas y económicas por las que desde los teotihuacanos hasta los mexicas se centró la atención en el rumbo sur del universo.

Atemoztli (del 10 al 29 de diciembre)
Se traduce como "descenso de las aguas". Se dedicaba a los tlaloques y al mismo Tláloc. Dice Sahagún que era el momento en que "comenzaba a tronar y a hacer demuestras de agua", aunque en realidad estamos a la mitad de la estación de secas, lo que lleva a Graulich a fortalecer la idea de que el calendario había sufrido un recorrido de los meses. Lo anterior nos lleva a pensar que el dedicar a los dioses de la lluvia esta veintena puede obedecer a que, precisamente, es en el momento de mayor aridez cuando se invoca a las deidades que pueden traer la abundancia de la lluvia. De ahí que se hicieran cerros de tzoalli o masa y les colocaban ojos y dientes, ya que en los cerros se formaban las lluvias. Estas figuras eran veladas y al día siguiente sacrificadas con el palo de tejer, instrumento utilizado por las mujeres. Al parecer se acompañaba de sacrificios humanos.

Títitl (del 30 de diciembre al 18 de enero)
No hay acuerdo en cuanto al significado del nombre, pero al igual que en la festividades de Ochpaniztli y Quecholli, se hacía culto a las diosas madres y ancianas como Tonan o Ilamatecuhtli y a las guerreras mujeres como Coyolxauhqui. La decapitación en el templo de una mujer que representaba a la diosa con cuya cabeza se hacían diversos "areitos" o danzas, guarda relación con la guerrera decapitada y desmembrada que representa a la Luna. La fiesta, pues, tenía relación con las deidades femeninas de la Tierra, la Luna y Venus. Hacía alusión también a la vieja tierra que ya no daba frutos, por lo que la veintena viene a cuento con la fecha en que se verificaba, pues era el momento en que la sequía asolaba los campos por la falta de lluvia, aunado a la relación con la Luna y por lo tanto con el ciclo menstrual durante el cual no había posibilidades de embarazo y de crear vida.

Izcalli (del 19 de enero al 7 de febrero)
Era una fiesta en honor de Xiutecuhtli-Huehuetéotl, dios viejo y del fuego, Señor del año. Dos veces a lo largo del año se le rendía culto, por lo que servía como parteaguas entre la estación de secas y el comienzo de las lluvias y con el final de éstas en el mes de Xócotl-Huetzi. Esto resulta significativo, pues el dios ocupa el centro del universo y se encuentra tanto en los niveles celestes como en la tierra y el inframundo. Bien lo dice un canto antiguo, que retoma Michel Graulich y que señala los lugares centrales que ocupa el dios:

> Madre de los dioses
> padre de los dioses,
> acostado sobre el ombligo de la tierra,
> dentro de la pirámide de turquesas,
> agazapado en las nubes y en el agua azul,
> como el pájaro de turquesa,
> viejo dios,
> Mictlan brumoso
> Xiutecuhtli.

Considerada como fiesta del rejuvenecimiento, los jóvenes iban de cacería y traían animales que echaban al fuego para que se asasen. También había sacrificios en honor del dios y a los niños se les punzonaban las orejas y la sangre se arrojaba al fuego. Además, se les estiraba para que crecieran y había borrachera general, incluyendo a los niños.

Con este mes terminaba el año y venían a continuación cinco días denominados *nemontemi* o días aciagos.

Días nemontemi
Los siguientes cinco días se consideraban de mala fortuna para quienes en ellos nacían. Dice Sahagún lo siguiente:

> Estos cinco días tenían por mal afortunados y aciagos; decían que los que en ellos nacían tenían malos sucesos en todas sus cosas y eran po-

bres y míseros [...]. No usaban hacer nada en estos días, por ser mal afortunados; especialmente se abstenían de reñir, porque decían que los que reñían en estos días se quedaban siempre con aquella costumbre; tenían por mal agüero tropezar en estos días.

La fiesta del Fuego Nuevo

Cada 52 años se celebraba esta fiesta que conmemoraba la terminación y el comienzo de un ciclo de 52 años. Habían ocurrido cuatro series de 13 años, por lo que se consideraba que había que tirar todo lo que había servido en el hogar, desde imágenes de dioses hasta implementos cotidianos que servían para hacer alimentos, a la vez que apagaban el fuego en cada casa. Había llegado el momento de encender un nuevo fuego, para lo cual los sacerdotes se dirigían hacia el cerro de Uixachtlan que hoy conocemos como cerro de la Estrella, en Iztapalapa. Llegados al lugar, esperaban la medianoche para ver si habría oportunidad de vivir por un nuevo ciclo de 52 años, ya que de lo contrario el Sol ya no saldría para alumbrar y se acabaría el género humano. Llegado el momento, se sacaba el fuego nuevo sobre el pecho de un cautivo con los tradicionales instrumentos para este fin: dos palos, uno de los cuales se frotaba sobre el otro para producir la flama. La población, expectante, esperaba el instante en que vieran salir el fuego en lo alto del cerro, señal que indicaba la continuidad de la vida. Mujeres preñadas y niños cubrían sus rostros con pencas de maguey en espera del ansiado momento. Una vez que se conseguía el fuego, se encendía una gran fogata que se podía ver desde todas partes. Una de las láminas del *Códice borbónico* nos muestra el momento en que varios sacerdotes sacan el fuego y se ve la cruz que es símbolo de Huehuetéotl-Xiuhtecutli, dios viejo, señor del fuego y del año. Hecho lo anterior, el pueblo se punzaba las orejas para extraer sangre y arrojarla en señal de penitencia. También en lo alto del cerro se sacrificaba al cautivo sacándole el corazón. Acto seguido, el fuego nuevo se repartía por distintos lugares de la ciudad. Los dioses habían otorgado a los hombres un ciclo más de vida.

El último fuego nuevo fue encendido en el año de 1507 d.C. Lejos estaban de pensar que este ciclo no llegaría a su fin. Bajo el gobierno de Moctezuma II habían ocurrido algunos sucesos que no presagiaban nada bueno. Apareció una "llama de fuego" que atravesaba el firmamento, seguramente un cometa; el Templo de Huitzilopochtli se incendió sin motivo y lo mismo ocurrió con el del dios del fuego, Xiuhtecutli. Hubo lo que posiblemente fue una lluvia de estrellas durante el día. Otro pronóstico de desgracias por venir fue que el agua del lago, sin haber grandes vientos, se encrespó e inundó las casas. Presentaron ante Moctezuma II algunos monstruos que encontraron y que luego desaparecían; se decía que se escuchaba la voz de una mujer que gritaba: "¡Oh hijos míos, ya nos perdimos!" Y otras veces decía: "¡Oh hijos míos, adónde os llevaré!" Unos cazadores le llevaron un ave con un espejo en la cabeza, en donde el tlatoani observó el cielo y las estrellas y se espantó. Volvió a mirar y vio una muchedumbre de gente armada sobre caballos. Preguntó a sus adivinos el significado de aquello, pero el ave desapareció. La pregunta quedó sin respuesta.

Malas noticias llegaron a Moctezuma. En la costa veracruzana se habían avistado grandes naves. Alvarado Tezozómoc nos ha dejado escritas en su *Crónica mexicana* aquellas palabras con las que se le comunica al tlatoani la presencia de gente extraña:

> [...] señor y rey nuestro, es verdad que han venido no sé qué gentes y han llegado a las orillas de la gran mar [...] y las carnes de ellos muy blancas, más que nuestras carnes, excepto que todos los más tienen barba larga y el cabello hasta la oreja les da. Moctecuhzoma estaba cabizbajo, que no habló cosa ninguna.

Callaban los hombres de Huitzilopochtli. Tenían la palabra los hombres cristianos.

IX. La conquista

> También concuerda la séptima plaga o fiola del Apocalipsis con ésta cuando derramó el séptimo ángel su vaso, y fueron hechos truenos y relámpagos, y fue hecha en tres partes; y las ciudades de los gentiles cayeron.
>
> Fray Toribio de Benavente *(Motolinía)*, *Memoriales*

Fue el viernes santo del año 1519 cuando Hernán Cortés y su gente desembarcaron en las costas de Veracruz. Estaba acompañado por cerca de 500 hombres, entre quienes estaba Jerónimo de Aguilar, aquel náufrago que fue cautivo de los mayas junto con Gonzalo Guerrero. Al saber que en tierras mayas se hallaban algunos españoles, Cortés luego mandó a buscarles desde Cozumel para que se incorporaran a sus fuerzas. Enterado Jerónimo de Aguilar de lo anterior, fue a ver a Guerrero y aquí se va a dar un encuentro significativo: el primero insta al segundo para que vaya con él a unirse con Cortés. La respuesta de Guerrero es terminante:

> —Hermano Aguilar, yo soy casado y tengo tres hijos, y tiénenme por cacique y capitán cuando hay guerras. Id vos con Dios, que yo tengo labrada la cara y horadadas las orejas. ¿Qué dirán de mí cuando me vean esos españoles ir de esta manera? Y ya veis estos mis hijitos cuán bonicos son. Por vida vuestra que me deis de esas cuentas verdes que traéis para ellos, y diré que mis hermanos me las envían de mi tierra […] Aguilar tornó a hablar al Gonzalo, que mirase que era cristiano, que por una india no se perdiese el ánima, y si por mujer e hijos lo hacía, que la llevase consigo si no los quería dejar. Y por más que le dijo y amonestó, no quiso venir.

Lámina 34. Soldado español con cañón y arcabuz.

Jerónimo de Aguilar encarna a aquellos que, aunque vivan por años en otras tierras, nunca comprenderán ni se adaptarán a ellas. Cuando pasaba una mujer maya de no malas formas debió de bajar la mirada y concentrarse en su *Libro de Horas*. En cambio, Gonzalo Guerrero de inmediato se acostumbra al lugar, adopta las formas mayas y busca mujer. El primero era oriundo de Ecija; el segundo lo era del puerto de Palos. Son dos formas diferentes de enfrentar la realidad. Aguilar prestará grandes servicios a Cortés, pues conoce la lengua maya y el castellano, por lo que será indispensable para la traducción que más adelante habrá de hacerse con los mexicas que hablaban el nahua. ¿Cómo se lograba esto? Cortés hablaba en español, Aguilar lo traducía al maya y la Malinche, aquella indígena que regalan a Cortés cuando viene costeando con sus naves, a su vez lo traducía del maya al nahua, pues era persona culta y hablaba varias lenguas. Por su parte, Gonzalo Guerrero permanece entre los mayas y de él nacerán los primeros mestizos. Morirá luchando en contra de los españoles. Son dos actitudes, dos maneras de pensar diferentes.

Las primeras bajas del ejército conquistador fueron en la zona maya. Se les recibió de manera hostil pero esta situación cambió cuando llegaron a costas de lo que hoy es Veracruz. Allí fueron bien recibidos y rápidamente el capitán español se percata del cambio de actitud. Los pueblos totonacas de inmediato se quejan ante el recién llegado de que están sujetos a un poderoso señor que habita detrás de los volcanes, que se llama Moctezuma y habita en la ciudad de Tenochtitlan. Con gran astucia, Cortés establece un acuerdo con alrededor de 30 pueblos totonacas a los que promete ayudar en contra de quienes los tienen como tributarios. Al ver que cuenta con el apoyo de esta gente, Cortés manda encallar las naves para evitar que algunos inconformes pretendan regresar a Cuba, pues eran leales al gobernador de la isla, Diego Velázquez. Establece la Villa Rica de la Veracruz como punto de avanzada al mismo tiempo que es nombrado capitán general y justicia mayor. La suerte está echada.

Enterado Moctezuma de la presencia de los españoles, envía ricos obsequios de los que tenemos detallada lista cuando Cortés a su vez los envía a la reina doña Juana y a su hijo don Carlos de España junto con su primera *Carta de relación,* fechada el 6 de julio de 1519. Piezas de oro y plata, piezas de plumería, lanzadardos de finas maderas recubiertos de oro, piezas de algodón, códices, collares de diversas piedras y cuentas de oro, máscaras del dios Quetzalcóatl, pues quizá en ese momento el señor de Tenochtitlan piensa que se trata de dicho dios, que conforme a sus creencias debería de regresar por el oriente. Las piezas avivan aún más el interés de Cortés por llegar a Tenochtitlan, pues el oro es una de las metas que lo llevan a la empresa conquistadora. De esta manera comienza la marcha hacia Tenochtitlan.

Si en un principio Moctezuma pensó que se trataba de Quetzalcóatl, pronto debió de darse cuenta de que no era así. La matanza de Cholula fue quizá un motivo poderoso para tratar de alejar a las fuerzas peninsulares. Éstas continuaron su avance y es así como el 8 de noviembre de 1519 llegan a Tenochtitlan, donde son recibidos por el emperador en persona. Se les aloja en el antiguo palacio de Axayácatl, ubicado fuera del gran recinto ceremonial hacia su esquina suroeste, por donde hoy se encuentra el edificio del Monte de Piedad. Lo que sigue es historia conocida: Cortés y los suyos visitan la ciudad, quedando admirados especialmente de la enorme cantidad de gente que comerciaba día con día en el mercado de Tlatelolco; visitan el Templo Mayor, donde el capitán español comete la imprudencia de pretender colocar una imagen de la Virgen; las descripciones de la ciudad que nos han dejado los cronistas soldados son a todas luces indicadoras de la impresión que causa en los recién llegados. Cortés, astuto como siempre, planea apresar a Moctezuma y tenerlo junto a sí, lo cual logra, pero el hecho crea un clima de desconfianza más intenso que el que ya existía entre los habitantes de la ciudad. Apercibido Cortés de que a Veracruz han llegado fuerzas al mando de Pánfilo de Narváez con instrucciones precisas del gobernador de Cuba, sale de inmediato para la costa con el fin de enfrentar la situación. Las fuerzas que quedan en Tenochtitlan están al mando de Pedro de Alvarado. Para ese momento los mexicas celebran una de sus festividades religiosas dentro del recinto ceremonial frente al Templo Mayor. Alvarado aprovecha este momento para arremeter en contra de quienes allí celebran, dejando muchos muertos que serían despojados de sus adornos de oro. Lo anterior motivó un descontento general, que se reflejó en el alzamiento en contra de los españoles. Cortés fue avisado y a grandes jornadas regresó a Tenochtitlan. Daba comienzo la guerra que culminó, por lo menos en esta primera etapa, con la muerte de Moctezuma a manos de los españoles, según unos, o de una pedrada lanzada por los indígenas sublevados, según otros. Los mexicas nombran sucesor a Cuitláhuac y continúan los combates, que presto terminarán en la famosa Noche Triste, cuando habiendo planeado huir al amparo de la noche, las fuerzas españolas son descubiertas y atacadas por los mexicas. La calzada de Tacuba fue la ruta elegida para el escape. Hay que recordar cómo estas calzadas estaban construidas en forma tal que había tramos con tierra firme y otros con puentes, los que al ser quitados impedían el avance del enemigo. Así ocurrió. Grande fue el desbarajuste que sufrieron los españoles, y muestra de aquello nos ha quedado en el conocido "tejo de oro", pieza de este metal hecha después de fundir piezas de oro indígenas y que se encontró a un lado de la Calzada de Tacuba, frente a la Alameda. Algunos de los soldados de Cortés, viendo que se preparaba la huída, se dieron a la tarea de fundir piezas que transformaron en láminas alargadas para poder transportarlas con mayor facilidad. Ésta fue una de ellas.

Después de que logran escapar, Cortés y su gente se reponen y preparan el regreso. Cuentan con miles de contingentes indígenas que se les unen para buscar así su independencia de los mexicas. Cortés traza su plan de acción y se prepara para el ataque a la ciudad, lo cual incluía la construcción de bergantines para aprovechar el lago de Texcoco, pues sabía el capitán español de las ventajas que se podía tener al controlar este medio.

Plan de ataque de Cortés y armas con que se contaba por ambos bandos

La estrategia de ataque consistía en dividir las fuerzas españolas y los contingentes indígenas aliados en tres grandes frentes, con lo que se conseguía aislar a las ciudades de Tenochtitlan y Tlatelolco. Según Bernal Díaz, la distribución se hizo de la siguiente manera: por el poniente estaban concentradas las fuerzas al mando de Pedro de Alvarado, quien contaba con 150 hombres de espada y rodela; 30 de a caballo y 18 escopeteros y ballesteros. A esto hay que agregar 8 000 tlaxcaltecas con sus mandos, lo que hacía una fuerza considerable que tenía como misión atacar la ciudad de Tacuba y por ende tener el control de la calzada del mismo nombre. A Cristóbal de Olid le dio 30 jinetes, 175 soldados y 20 escopeteros y ballesteros, además de igual número de tlaxcaltecas cuya misión fue la de asentarse en el sur, en Coyoacan, desde donde podrían tener el control de aquella zona. A Gonzalo de Sandoval le proporcionó 24 jinetes, 150 soldados de espada, lanza y rodela y más de 8 000 indígenas de Chalco y Huejotzingo que se apostaron en Iztapalapa. Por su parte, Cortés quedó al mando de 13 bergantines con 300 hombres, diestros en cosas del mar, sentó su Real o lugar de mando de todo el ejército en los alrededores de Tacubaya, tal como lo indica la bandera con el águila bicéfala que vemos en el plano publicado en 1524 y no como algunos han pensado erróneamente que se pertrechó en Coyoacan, cosa que el mismo Cortés desmiente en su *Carta de relación*. Hay que señalar que el número de indígenas es mucho mayor en otras fuentes, pero atendamos a Bernal Díaz, quien por cierto participó en los combates en el bando de Alvarado.

Como parte de la estrategia, Cortés mandó cortar el agua potable que surtía a la ciudad de Tenochtitlan procedente de Chapultepec. Así lo relata el mismo Cortés:

> Otro día de mañana los dos capitanes acordaron, como yo les había mandado, de ir a quitar el agua dulce que por caños entraba a la ciudad de Temixtitán; y el uno de ellos, con veinte de a caballo y ciertos escopeteros y ballesteros, fue al nacimiento de la fuente, que estaba un cuarto de legua de allí, y cortó y quebró los caños, que eran de madera y de cal y canto, y peleó reciamente con los de la ciudad, que se le defendían por la mar y por la tierra; y al fin los desbarató, y dio conclusión a lo que iba, que era quitarles el agua dulce que entraba a la ciudad, que fue muy grande ardid.

Ahora bien, ¿cuáles eran las armas que portaban uno y otro bandos? Bernal Díaz nos da información de las armas españolas. Éstas consistían en escopetas, ballestas, lanzas, espadas y rodelas o escudos para la defensa. Además, había cañones que causaban gran estrago entre las fuerzas indígenas. Algunos portaban corazas y cascos de metal para protegerse de las flechas, dardos y piedras arrojadas por los mexicas. El caballo fue de gran utilidad y daba una buena ventaja sobre el enemigo, al igual que los bergantines, que por su tamaño y rapidez superaban las canoas indias. A esto hay que añadir las armas indígenas que portaban los aliados de los españoles, similares a las del bando enemigo. Los guerreros mexicas tenían el *macáhuitl*, palo de madera de alrededor de 80 cm de largo incrustado en sus dos lados con obsidianas de cortante filo; contaban con lanzas, lanzadardos, flechas y

Lámina 35. Batalla entre españoles e indígenas. Pueden verse los armamentos de cada de grupo.

hondas que manejaban con gran destreza. Tenían escudos y trajes de algodón que los protegían en el combate y los guerreros de élite, como los guerreros águilas y los jaguares ostentaban cascos en forma de cabezas de águila o de jaguar, según fuera el caso, adornados con largas plumas. La canoa era un medio de atacar y así lo hicieron en contra de las fuerzas españolas y sus aliados. Pese a todo, las armas peninsulares resultaban superiores a las de los defensores de Tenochtitlan.

Otro aspecto que no podemos pasar por alto es el de los fines que se perseguían en la guerra: el español iba a matar el mayor número de enemigos; el indígena trataba de capturar al enemigo para llevarlo vivo y sacrificarlo a sus dioses. Esta diferente manera de concebir la guerra le vino bien a Cortés, quien por lo menos en una ocasión se vio capturado por los defensores y cuando ya se lo llevaban para sacrificarlo, fue rescatado por los suyos, que irrumpían de manera contundente aniquilando al enemigo. No corrieron igual suerte otros españoles, que fueron capturados y subidos al Templo Mayor, donde se les sacrificó, en ocasiones con sus caballos, cuyas cabezas —tanto la del hombre como la del animal— fueron a parar al tzompantli o altar de cráneos. También se usaron ardides para desmoralizar al enemigo. Los mexicas tomaban las cabezas de españoles y las mostraban a los de otro bando, gritándoles que habían capturado y destrozado las fuerzas de aquél. Dice Bernal Díaz acerca de esto:

Estando de aquella manera, bien angustiados y heridos, no sabíamos de Cortés, ni de Sandoval, ni de sus ejércitos, si los habían muerto y desbaratado, como los mexicanos nos decían cuando nos arrojaron las cinco cabezas que traían asidas por los cabellos y de las barbas, y no podíamos saber de ellos por que batallábamos los unos de los otros obra de media legua […]

Otra estratagema que utilizaron los mexicas, relatada por Bernal Díaz, es aquella de fingir que los escuadrones indígenas huían para hacer que los persiguieran y entonces cercar al enemigo y arremeter en su contra.

El cerco a las ciudades duró alrededor de 75 días. Los combates fueron arreciando de tal manera que en ocasiones los españoles y sus aliados avanzaban y ganaban determinada posición, y al día siguiente los mexicas la reconquistaban: "a la continua nos daban guerra, así de día como de noche", dice Díaz del Castillo. Cortada el agua potable y tomadas las calzadas, el abastecimiento de las ciudades se hacía imposible. Si trataban de llegar con bastimentos por medio de las canoas, éstas eran asediadas por los bergantines. La comida y el agua escaseaban cada vez más. Hubo un momento en que Cortés quiso hacer las paces con Cuauhtémoc, joven tlatoani que había sucedido en el cargo a Cuitláhuac, muerto por la epidemia de viruela que trajeron los españoles. La respuesta del joven guerrero no se hizo esperar. En palabras de Bernal Díaz:

Entonces Guatemuz, medio enojado, dijo: "Pues que así queréis que sea, guardad mucho el maíz y bastimento que tenemos, y muramos todos peleando, y desde aquí adelante ninguno sea osado a demandarme paces. Si no, yo le mandaré matar". Y allí todos prometieron pelear noches y días o morir en defensa de su ciudad.

En efecto, los combates se sucedían uno a otro y los bandos no paraban de pelear. Las palabras de Bernal Díaz son muy significativas en cuanto a la manera de combatir de ambos contendientes:

Como ya estábamos acostumbrados a los encuentros, aunque cada día herían y mataban de nosotros, teníamos con ellos pie con pie. De esta manera pelearon seis o siete días arreo, y nosotros les matábamos y herían muchos de ellos, y con todo esto no se les daba nada por morir. Acuérdome que nos decían: "¡En qué se anda Malinche (Cortés) cada día que tengamos paces con vosotros! Ya nuestros ídolos nos han prometido victoria, y tenemos mucho bastimento y agua, y ninguno de vosotros hemos de dejar con vida. ¡Por eso no tornen a hablar sobre paces, pues las palabras son para las mujeres y las armas para los hombres!"

Estas palabras de una resistencia heroica nos hablan del ánimo mexica. Sin embargo, las mujeres también pelearon. Así lo relata la versión anónima indígena escrita en Tlatelolco que recuerda:

Fue cuando también lucharon y batallaron las mujeres de Tlatelolco lanzando sus dardos. Dieron golpes a los invasores; llevaban puestas insignias de guerra; las tenían puestas. Sus faldellines llevaban arremangados, los alzaron para arriba de sus piernas para poder perseguir a los enemigos.

Toda defensa parecía ya inútil. La mortandad por ambos lados era inmensa. Veamos qué nos dicen unos y otros acerca de la manera en que los cadáveres abundaban por aquí y por allá. Según los españoles en boca de Bernal Díaz:

Yo he leído la destrucción de Jerusalén; mas si fue más mortandad que ésta, no lo sé cierto, porque faltaron en esta ciudad tantas gentes, guerreros de todas las provincias y pueblos sujetos a México que allí se habían acogido, y todos los más murieron; y, como ya he dicho, así el suelo y laguna y barbacanas todo estaba lleno de cuerpos muertos, y hedía tanto que no había hombre que lo pudiese sufrir.

El *Anónimo de Tlatelolco*, escrito en lengua nahua en 1528, nos da la versión de los vencidos:

> En los caminos yacen dardos rotos,
> los cabellos están esparcidos.
> Destechadas están las casas,
> enrojecidos tienen sus muros.
> Gusanos pululan por calles y plazas,
> y en las paredes están salpicados los sesos.
> Rojas están las aguas, están como teñidas,
> y cuando las bebemos, es como si bebiéramos agua de salitre.

Llegó el momento final. Cuauhtémoc, al ver que nada puede hacer ya, se embarca con familiares y algunos de sus capitanes y emprende la huida por la laguna. Pronto es alcanzado por el bergantín que comanda García Holguín, quien lo hace prisionero y lo lleva ante Cortés. Acostumbrado a hablar para que los demás lo escuchen, el tlatoani se dirige ante el capitán español y le dice estas palabras que han quedado escritas para la historia: "Señor Malinche, ya he hecho lo que soy obligado en defensa de mi ciudad, y no puedo más, y pues vengo por fuerza y preso ante tu persona y poder, toma ese puñal que tienes en la cintura y mátame luego con él".

Así le son traducidas estas palabras a Cortés. Ya dijimos cómo se lograba esto: Cuauhtémoc hablaba en lengua nahua; la Malinche o Marina lo traducía al maya y Jerónimo de Aguilar al español. En esta triangulación de lenguas es evidente que se quita por este último la verdadera intención de lo que el joven gobernante quiere decir. Para los mexicas el ser prisionero de guerra implicaba la muerte por sacrificio ante sus dioses. Eso es lo que pide el joven guerrero: morir en sacrificio para acompañar al Sol desde el oriente hasta el mediodía. Cortés no lo entiende así… y lo perdona. Triste destino el que se le depara al capitán mexica, quien encontrará la muerte lejos de su tierra y será vil e injustamente ahorcado por Cortés.

De esta incomprensión va a nacer el México mestizo de hoy. La nueva ciudad se alzará en el mismo lugar que ocupaba la ciudad indígena. Las piedras de los viejos templos servirán para la construcción de los templos cristianos. Una fue obra del demonio, la otra lo será de los ángeles. Sin embargo, los hombres serán los mismos: quienes ayer levantaron templos a sus dioses hoy lo harán a otros dioses. Las manos serán las mismas... los dioses serán diferentes...

Era el 13 de agosto de 1521...

Cronología de Tenochtitlan*

Años	Dato arqueológico	Crónicas
1325 d.C.	En el área de Catedral se han obtenido datos de cerámica tolteca anterior a esta fecha.	Diversas fuentes coinciden en señalar este año como el de la fundación de la ciudad, si bien parece ser que esto se debió a un eclipse solar, por lo que se adaptó la fecha para coincidir con este evento astronómico.
1390	En la etapa II del Templo Mayor hay un glifo "2-Conejo", que de ser numeral correspondería al año 1390 d.C. Debajo de esta etapa hay restos de otra más antigua. La etapa I es la de la ermita que hacen cuando fundan la ciudad.	Corresponde al gobierno de Acamapichtli (1375-1395). Después gobernaron Huitzilihuitl (1396-1417) y Chimalpopoca (1417-1427).
1431	En la etapa III del Templo Mayor hay un glifo "4-Caña" que	Gobierno de Itzcóatl (1427-1440). Los mexicas se independizan de

* Basada en los datos del Templo Mayor y las fuentes históricas.

	correspondería a este año. La ampliación arquitectónica y las ofrendas muestran que se contaba con mano de obra tributaria.	Azcapotzalco y crean la Triple Alianza con Texcoco y Tacuba.
1454	En la etapa IV del Templo Mayor hay un glifo "1-Conejo" que corresponde a este año. El Templo se amplia por los cuatro lados y las ofrendas muestran control de diversas áreas.	Gobierno de Moctezuma I (1440-1469). El imperio se expande a diversas regiones.
1469	En el costado sur del Templo hay un glifo "3-Casa" que correspondería a este año. La ampliación del templo es sólo de la fachada principal.	Gobierno de Axayácatl (1469-1481). Sigue la expansión. Los mexicas son derrotados por los de Michoacán.
1481-1486	Nueva etapa constructiva sin glifo.	Se atribuye a Tízoc.
1486-1502	Nueva etapa constructiva sin glifo.	Se atribuye a Ahuizotl.
1502-1520	Última etapa constructiva sin glifo.	Se atribuye a Moctezuma II.
13 de agosto de 1521	Caída de Tenochtitlan y Tlatelolco.	Cuauhtémoc es hecho prisionero.

Fuentes bibliográficas y hemerográficas

Alcocer, Ignacio, *Apuntes sobre la antigua México-Tenochtitlan*, Instituto Panamericano de Geografía e Historia, México, 1935.
Alva Ixtlilxóchitl, Fernando de, *Obras Históricas,* t. II, UNAM, México, 1977.
Alvarado Tezozómoc, Fernando, *Crónica Mexicáyotl,* UNAM, México, 1975.
Anders, Ferdinand, Maarten Jansen y Luis Reyes, *Libro de la Vida (Códice magliabechiano),* Akademische Druck und Verlagsanstalt-FCE, Austria-México, 1996.
Batres, Leopoldo, "Exploraciones en la Calle de las Escalerillas", en Eduardo Matos Moctezuma (coord.), *Trabajos arqueológicos en el centro de la ciudad de México. Antología,* INAH, México, 1979, pp. 61-90.
Boone, Elizabeth, "Templo Mayor research", en *The Aztec Templo Mayor,* Dumbarton Oaks, Washington D.C., 1983, pp. 5-69.
Carrasco, Pedro, "Sobre mito e historia en las tradiciones nahuas", *Historia Mexicana,* vol. XXXIX, núm. 3, México, enero-marzo de 1990, pp. 677-686.
———, "La economía del México prehispánico", en *Economía, Política e Ideología,* Nueva Imagen, 1978.
Caso, Alfonso, *El Pueblo del Sol,* FCE, México, 1978 (Colección Popular, 104).
Castillo, Cristóbal del, *Historia de la venida de los mexicanos y otros pueblos e Historia de la conquista,* traducción y estudios de Federico Navarrete, INAH-GV Editores, México, 1991.
Cevallos Novelo, Roque, "El Templo Mayor de México-Tenochtitlan", en Eduardo Matos Moctezuma (coord.), *Trabajos arqueológicos en el centro de la ciudad de México. Antología,* INAH, México, 1979.

Chapman, Anne, "La guerra de los aztecas contra los tepanecas", *Acta Antropológica,* época 2, vol. I, núm. 4, México, 1959, p. 56.
Chavero, Alfredo, *México a través de los siglos,* t. II, México, 1889.
Códice Fejérary-Mayer, ed. facs., Akademische Druck und Verlagsanstalt, Austria, 1971.
Códice mendocino, Biblioteca Bodley, Oxford.
Códice Vaticano A o Ríos, introducción y explicación de Ferdinand Anders y Maarten Jansen, Akademische Druck und Verlagsanstalt-FCE, México, 1996.
Cortés, Hernán, *Cartas de relación de la conquista de América,* Editorial Nueva España, México, s.f.
Cuevas, Emilio, "Las excavaciones del Templo Mayor de México", en Eduardo Matos Moctezuma (coord.), *Trabajos arqueológicos en el centro de la ciudad de México. Antología,* INAH, México, 1979, pp. 179-183.
Díaz del Castillo, Bernal, *Historia verdadera de la conquista de la Nueva España,* 2 tomos, Editorial Nuevo Mundo, México, 1943.
Durán, Diego, *Historia de las Indias de la Nueva España e islas de la tierra firme,* 2 vols., Editorial Nacional México, 1951.
Duverger, Christian, *El origen de los aztecas,* Grijalbo, México, 1987.
Eliade, Mircea, *Tratado de historia de las religiones,* Era, México, 1979.
El Conquistador Anónimo, Alcancía, México, 1938.
Florescano, Enrique, "Mito e historia en la memoria nahua", *Historia Mexicana,* vol. XXXIX, núm. 3, México, enero-marzo de 1990, pp. 607-661.
Fuente, Beatriz de la, "Retorno al pasado Tolteca", *Artes de México,* núm. 7, México, 1990.
Galindo y Villa, Jesús, *Arqueoastronomía en la América Antigua,* Equipo Sirius, Madrid, 1994.
——— , "Escalinata descubierta en el nuevo edificio de la Secretaría de Justicia e Instrucción Pública", en Eduardo Matos Moctezuma (coord.), *Trabajos arqueológicos en el centro de la ciudad de México. Antología,* INAH, México, 1979, pp. 91-94.
García Icazbalceta, Joaquín, *Nueva colección de documentos para la historia de México,* vol. III, México, 1981.

González de Lesur, Yólotl, "El dios Huitzilopochtli en la peregrinación mexica", *Anales del INAH*, t. XIX, México, 1968.

Graulich, Michel, *Ritos aztecas, las fiestas de las veintenas*, INI, México, 1999.

Gresle-Pouligny, Dominique, *Un plan pour Méxique*, L'Harmattan, París, 1999.

Heyden, Doris, *México, origen de un símbolo*, DDF, México, 1988.

Johansson, Patrick, "Coatépetl: la montaña sagrada de los mexicas", *Arqueología Mexicana*, vol. XIII, núm. 67, editorial Raíces, México, mayo-junio de 2004, pp. 44-49.

Kirchhoff, Paul, Lina Odena Güemes y Luis Reyes, *Historia tolteca-chichimeca*, INAH-CISINAH, México, 1976.

Las Casas Bartolomé de, *Historia de las Indias*, Aguilar, Madrid, s.f.

León-Portilla, Miguel, *Los antiguos mexicanos a través de sus crónicas y cantares*, FCE, México, 1976, pp. 14-17.

———, "Traducción del náhuatl del mito del nacimiento de Huitzilopochtli", en Eduardo Matos Moctezuma y F. Ehremberg, *Coyolxauhqui*, SEP, México, 1979.

———, *Toltecáyotl*, FCE, México, 2003.

Lombardo, Sonia, *Desarrollo urbano de México-Tenochtitlan*, tesis, ENAH, México, 1972.

López Austin, Alfredo, "Del origen de los mexicas: ¿nomadismo o migración?", *Historia Mexicana*, vol. XXXIX, núm. 3, México, enero-marzo de 1990, pp. 663-675.

———, "Iconografía mexica. El monolito verde del Templo Mayor", *Anales de Antropología*, vol. XVI, UNAM, México, 1979, pp. 133-153.

López Luján, Leonardo, *La Casa de las Águilas*, 2 vols., INAH-FCE, México, 2006.

———, *La recuperación mexica del pasado teotihuacano*, INAH-GV Editores, México, 1989.

Maudslay, A., "A note of the position and extend ot the Great Temple", en Eduardo Matos Moctezuma (coord.), *Trabajos arqueológicos en el centro de la ciudad de México. Antología*, INAH, México, 1979, pp. 139-140.

Martínez Marín, Carlos, "La cultura de los mexicas durante la migración", en *XXXV Congreso Internacional de Americanistas,* México, 1964, pp. 113-124.

Matos Moctezuma, Eduardo, *La Pirámide del Sol, Teotihuacan. Antología,* INAH-Instituto Cultural Domecq, México, 1995.

———, "Tlaltecuhtli, Señor de la Tierra", en *Estudios de Cultura Náhuatl,* núm. 27, UNAM, México, 1997, pp. 15-40.

———, *Vida y Muerte en el Templo Mayor,* FCE, México, 1998.

———, *La Piedra del Sol,* FCE, México, 2000.

———, "El Programa de Arqueología Urbana", en *Excavaciones en la Catedral y Sagrario metropolitanos,* INAH, México, 1999, pp. 9-14.

———, *Los aztecas,* Jaca-Book-Conaculta, México, 2000.

———, *Muerte a filo de obsidiana,* FCE, México, 2000.

———, "Arqueología y fuentes históricas: el caso del Templo Mayor de Tenochtitlan", en *Los arqueólogos frente a las fuentes,* INAH, México, 1996, pp. 105-145 (Colección Científica, 322).

———, "El Templo Mayor de Tenochtitlan: economía e ideología", *Boletín de Antropología Americana,* núm. 1, México, 1980.

———, "Reflexiones acerca del plano de Tenochtitlan publicado en Nuremberg en 1524", *Caravelle,* núms. 76-77, Francia, 2001, pp. 182-197.

———, "El adoratorio decorado de las calles de Argentina", *Anales del INAH,* t. XVII, México, 1965, pp. 127-138.

Marquina, Ignacio, *El Templo Mayor de México,* INAH, México, 1960.

———, *Arquitectura prehispánica,* INAH, México, 1951.

Muñon Chimalpahin Cuauhtlehuanitzin, Francisco de San Antón, *Relaciones de Chalco-Amaquemecan,* FCE, México, 1965.

Olivera, Mercedes, *Pillis y macehuales,* La Casa Chata, México, 1978.

Olmedo, Bertina, *Los templos rojos del recinto sagrado de Tenochtitlan,* INAH, México, 2002 (Colección Científica, 439).

Palerm, Ángel, *Obras hidráulicas prehispánicas,* INAH-SEPSetentas-Diana, México, 1980.

Palerm, Ángel, y Eric Wolf, *Agricultura y civilización de Mesoamérica,* SEPSetentas-Diana, México, 1980.

Paso y Troncoso, Francisco del, *Códice matritense de la Real Academia de la Historia,* vol. VIII, ed. facs., Madrid, 1907.

———, *Descripción, historia y exposición del Códice borbónico,* Siglo XXI Editores, México, 1981.

Rojas, Teresa, "Evolución histórica del repertorio de plantas cultivadas en las chinampas de la cuenca de México,", en *La agricultura chinampera,* Universidad Autónoma de Chapingo, México, 1982, pp. 181-214.

———, "La tecnología mesoamericana en el siglo XVI", en *Historia de la agricultura. Época prehispánica siglo XVI,* México, 1985, pp. 229-231.

Sahagún, Bernardino de, *Historia general de las cosas de Nueva España,* 4 tomos, Editorial Porrúa, México, 1956,

Sanders, William, *et al., The Basin of Mexico, Ecological Processes in the Evolution of Civilization,* Academic Press, Nueva York, 1979.

Simeón, Rémy, *Diccionario de la lengua náhuatl o mexicana,* Siglo XXI Editores, México, 1977.

Solís, Felipe, "El temalácatl-cuauhxicalli de Moctezuma Ilhuicamina", en *Azteca Mexica,* Sociedad Estatal Quinto Centenario-Lunwerg Editores, Madrid, 1972.

Soustelle, Jacques, *La Vie Quotidienne des Aztéques á la Veille de la Conquete Espagnole,* Hachette, París, 1955.

Veytia, Mariano, *Historia antigua de México,* 2 vol., Editorial Leyenda, México, 1944.

Wiebke, Ahrntd, *Edición crítica de la Relación de la Nueva España y de la Breve y sumaria relación escritas por Alonso de Zorita,* INAH-Universidad de Bonn, México, 2001.

Tenochtitlan, de Eduardo Matos Moctezuma,
se terminó de imprimir y encuadernar en agosto de 2014
en Impresora y Encuadernadora Progreso, S. A. de C.V. (IEPSA),
calzada San Lorenzo, 244; 09830 México, D. F.
El tiraje fue de 1 500 ejemplares.